L'écologie en bas de chez moi

Iegor Gran

L'écologie en bas de chez moi

récit

P.O.L
33, rue Saint-André-des-Arts, Paris 6ᵉ

© P.O.L éditeur, 2011
ISBN : 978-2-8180-1334-2
www.pol-editeur.com

« Nous avons un très grand besoin des intellectuels. »

Nicolas Hulot, *Pour un pacte écologique* [2007]

« Vous avez obtenu entre 0 et 14 points. Avec vous, l'écosystème de la planète et la vie des hommes sont fragilisés. Faites un effort, ne serait-ce que pour votre bien-être. Vous pouvez lutter facilement contre le gaspillage en faisant des listes de courses. Ainsi vous serez moins tenté d'acheter plus que ce dont vous avez besoin. Et pensez " déchets " à chaque fois que vous faites vos courses : vous parviendrez sûrement à limiter encore plus le volume de votre poubelle. »

Résultats de mon « test d'écocitoyenneté », salon « Planète mode d'emploi », Paris, porte de Versailles [septembre 2009]

1.

Les voisins, il faut les aimer. Les voisins sont toujours bienveillants, valeureux et civiques. Et je ne dis rien de leur beauté – cette force intérieure qui rayonne, ce sens du tact, cette poésie ! Mieux qu'une voyante, ils savent ce dont on a besoin. Mieux qu'un docteur, ils soignent nos égoïsmes. Ils sont vigilance. Ils sont probité.

Voici qu'un soir de mai 2009, en rentrant dans l'immeuble où j'habite, j'aperçois une drôle de petite réclame sur le tableau des informations, ce carré de liège où l'on annonce les coupures d'eau, les pendaisons de crémaillère, les gants perdus et les adolescents disponibles pour le baby-sitting, le coin sympa du voisin sympa, la fenêtre de tir de la sociabilité obligatoire.

Écrit à la main, en capitales, on y lit ceci : « Ne manquez pas ! Le 5 juin, projection du film *Home* de Yann Arthus-Bertrand, sur France 2. Nous avons tous une responsabilité à l'égard de la planète. Ensemble, nous pouvons faire la différence. » En bas est agrafée une pastille bleue : la photo de la Terre vue de très loin, que des mains prosélytes ont grossièrement découpée aux ciseaux, probablement dans un magazine télé. Comprenez : l'heure est grave, la Terre elle-même a paraphé l'appel, scellé de son logo universel la bulle papale, mis un point final à l'ordre de mobilisation.

Aucune signature humaine, en revanche. On ne signe pas un tract. J'en suis réduit aux hypothèses. Est-ce l'œuvre de la dame du 3, escalier C, celle qui m'avait espionné lorsque j'ai eu la mauvaise idée d'abandonner sur le trottoir un emballage encombrant ?... Est-ce le généraliste crétin ?... Ces citoyens modèles, aux boîtes aux lettres protégées d'un rageur « Stop aux publicités, SVP ! », sont les premiers à faire la réclame de leurs combats, commerces, hémorroïdes.

À moins que ce ne soit une de ces opérations de « sensibilisation », comme on dit, menée par un exalté qui aurait ainsi visité tous les immeubles impairs de la rue Jean-Dolent... Pourquoi pas Arthus-Bertrand en personne, assurant la promotion de son film, urinant à chaque immeuble, chaque marché, comme ces peintres du dimanche que l'on voit coller au scotch des affichettes dans les boulangeries. Je vais bien dans des librairies obscures, moi, faire la promo de mes livres, portant la bonne parole jusqu'aux abysses de l'Indre...

Voyez ce tourbillon, cette divagation. Je n'ai plus tous mes moyens. Car par en dessous, comment l'expliquer... je me sens importuné, presque blessé. Un marchand de soupe a mis son pied dans mon pas-de-porte. On veut m'imposer quelque chose. Une inquiétude, comme un réflexe, moi qui suis né dans un pays de l'Est. On aimerait bien penser à ma place.

Je ne réfléchis pas longtemps. Le hall est vide. J'enlève les punaises.

L'instant d'après, je suis chez moi, en sécurité. Je pose le tract sur le bureau. Je le relis. « Ensemble, nous pouvons faire la différence. » On y entend le brouhaha de la populace. La dynamique de la meute. La collectivité grogne. Elle est venue me chercher. Elle me demande des comptes, réclame un engagement. Je pourrais les ignorer, mais pour combien de temps ?... Le tic-tac du monde a changé d'intonation.

Soyons honnêtes, je n'ai pas été pris au dépourvu, pas entièrement. Depuis quelques années j'avais remarqué la pandémie, l'encombrement de vélos en bas de chez moi, les poubelles de tri sélectif et leurs mollahs, la dame du 3, escalier C, et le généraliste crétin, toujours aux avant-postes de la surveillance, du contrôle, et, bientôt, de la rééducation forcée des récalcitrants – nous y viendrons.

Mon œil distrait a maintes fois souri aux slogans infantilisants que l'on a vu fleurir aux caisses des supermarchés, dans les boutiques huppées du VIe, sur les factures de gaz[1]. Bah, la mode finira par

---

1. « Monoprix. Le développement d'accord mais seulement s'il est durable. »

« Hama : Ensemble, sauvons la planète » – Hama étant un fabricant de casques audio et d'accessoires MP3.

On remarquera l'absence de distanciation, d'habitude primordiale en publicité. Il n'est plus question d'entrer dans un jeu de séduction entre annonceur et client potentiel. Ici, on devient un super-héros *au premier degré* dès l'instant où l'on achète Hama, voire avant. On sauve la planète d'abord, on réfléchit et l'on consomme ensuite. Ce que ce slogan a de grotesque, de puéril et de grossièrement mensonger ne semble effleurer ni l'agence de com qui l'a facturé ni Hama lui-même. Saint Ogilvy et saint Burnett se retournent dans leur tombe.

Pour finir, je ne m'en lasse pas, l'omniprésente hernie : « Avec Gaz de France DolceVita, faites un geste pour l'environnement. » On aura reconnu le tic de rhétorique commerciale, le fameux œdème verbal *faire un geste pour l'environnement*, sans doute la scie la plus utilisée de la décennie. [Le comptage sur Google des phrases complètes « faites un geste pour l'environnement » et « faites un geste pour la planète », menottées entre guillemets pour

passer, me disais-je. Le vélo, à Paris, c'est dange-
reux et pénible. Trier les déchets est lassant et ingrat.
Le prurit se calmera, on ne le trouvera plus qu'à
la marge chez quelques illuminés. N'a-t-on pas vu
retomber le hula hoop et le ska punk? Pour se sentir
vivre, le bobo passera à autre chose. On laissera le
vert aux martiens.

En relisant pour la troisième fois le petit tract,
je réalise à quel point je me suis trompé. Le phénomène s'est amplifié sans que je m'en rende compte.
Pendant que je rêvassais il est devenu planétaire.
Home...

Une pilule internet m'éclaire sur les entrailles
de la bête. YouTube diffuse des bandes-annonces,
des extraits, le *making of*, toutes sortes d'interviews.
J'apprends que ses parrains ne sont pas des incon-
nus – Luc Besson et François-Henri Pinault. Que
le film sera projeté dans plus de cent pays en même
temps. Certaines écoles organiseront des séances
obligatoires, comme on fait des visites médicales. Il
y a un livre *Home*, un tee-shirt *Home*, un sac *Home*,
des escarpins *Home* – il ne manque plus que le sex-

---

forcer le moteur à prendre en compte l'expression exacte,
ramène respectivement 793 000 et 239 000 résultats, et
on ne compte pas les déclinaisons, telles que « faisons un
effort pour l'environnement », « en faire davantage pour la
planète », etc. À titre de comparaison, « Mao Tsé-toung »
donne 134 000 résultats, et « la Joconde » 198 000.]

toy. Je suis soufflé par l'envergure du projet. Son ubiquité. Sa mégalomanie paternaliste. Les rouleaux compresseurs hollywoodiens sont des artisans nains à côté d'une telle machinerie. Le 5 juin, on fabriquera de la similitude à très grande échelle.

Personne n'a l'air de s'en étonner. Partout, tapis rouge. C'est pour la bonne cause! Des félicitations, des dithyrambes. Le film de tous les superlatifs. Des vagues jusqu'à chez moi. Les voisins dans le coup. Ils veulent mon bonheur. Leurs rayons X inquisiteurs ne dorment jamais. Iront-ils jusqu'à compter aux fenêtres le nombre de téléviseurs allumés? Dresseront-ils des listes? Une colonne pour ceux qui regardent *Home*, une autre pour ceux qui roupillent. Et les irrécupérables, les vicieux, la cinquième colonne sournoise, ceux qui, comme moi, se vautrent dans la série américaine en DVD, les blaireaux en tout genre, les mauvais.

Je m'énerve, je gesticule, je surjoue.

– Fixette, dit Élisabeth. Arrête d'exagérer. Parano et parano sont dans un bateau.

– J'écris mieux quand je me sens harcelé.

– Parce que tu vas te mettre à écrire?

Sans doute. La collectivité m'a trouvé. Les voisins. Il ne s'agit plus de pester dans mon bain, en sourdine. Le sous-marin remonte. Le temps de prendre des risques est venu.

– Quels risques? s'étonne Vincent, au téléphone.

– Le manque de recul est un risque, dis-je. Écrire sur un thème d'actualité immédiate rend myope.

Je le sens gêné.

– Peut-être que tu ne devrais pas. Tu n'es pas un écrivain engagé.

Il n'a pas tort, mais ce n'est pas le propos.

– Je ne m'engage nullement, dis-je. J'essaie de survivre, c'est tout. Mon instinct me dit que toute cette affaire est une atteinte à la liberté, à la culture, à l'intelligence. Il y aura des lésions.

– Je te connais bien, dit Vincent. Tu es dans la pose.

Il est plutôt froid.

Le lendemain, quand il viendra à la maison pour rendre à Élisabeth quelques livres de cuisine, j'entendrai dans sa bouche les mots « scientifique », « giec », « unanimité ». Je n'y ferai guère attention, tout entier absorbé par sa nouvelle coupe de cheveux : à quarante-quatre ans, mon ami Vincent s'est fait blanchir une mèche à l'azote.

2.

Libération est partant. *Libération* veut bien s'intéresser à mon cas. C'est chic de sa part, il n'est pas obligé. D'autant qu'il n'a pas entendu parler de *Home*. Je tombe des nues.

— Comment?... mais *Home* est partout! Sur internet, à la télé, en bas de chez moi...

Mais non, il ne sait pas, *Libération*. Ses équipes cinéma sont à Cannes. Sans elles, *Libération* est aveugle.

Alors j'explique. Besson. Pinault. Tout ce que montre le film. Tout ce qu'il ne montre pas. Le ton, la forme. Le terrorisme des belles images. Le mode binaire : éléphant dans la brousse – gentil –, Chrysler building – méchant. Le tutoiement de la *voix off*. La guimauve. Le mépris de la culture, du talent. L'accueil des politiques. Sarkozy. Le prince

Charles. La gratuité du film, mais pas celle des produits dérivés. Une opération de relations presse géante. Le *greenwashing*. L'opportunisme. Ce mot clé ! Un opportunisme oppressant, onctueux comme un pet. Un opportunisme cousu de fil blanc où se vautrent Yann, Luc et François-Henri, avec une sincérité désarmante [1]. Une jouissance primitive : le marketing des gros sabots.

Libération dit O.K. Il me connaît. Il voit qu'une fièvre me ronge et il a pitié de ma diarrhée : on me réserve une place pour le jeudi 4 juin, aux pages « Rebonds ».

– C'est parti, dis-je à Élisabeth. On me donne 6 000 signes. Pas mal mais j'ai quand même l'impression d'une chaussure taille 37. Il va falloir serrer.

Elle, pragmatique :

– L'essentiel est de savoir par quel trou on fait entrer le lacet.

Moi, fanfaron :

– C'est tout vu, c'est du scratch.

Car pour moi, c'est une évidence. Face à un film de propagande (qui se revendique comme tel

---

1. Rappelons que dans sa vie antérieure, Yann Arthus-Bertrand a été pendant dix ans photographe-reporter du Paris-Dakar. Étonnante conversion. Les voies du gazole sont impénétrables.

sans complexes), on commence par celle qui a posé l'alpha et l'oméga du genre, la papesse du documentaire engagé, la muse de l'Art instrumentalisé.

Frau Riefenstahl.

J'en parle à Vincent.

Je me souviens, j'ai mis les pieds dans le plat :

– Par la forme de son discours, Yann est le digne héritier de Leni Riefenstahl, sans avoir, et de loin, son audace créative.

La différence entre ces deux-là, c'est la dimension planétaire du projet de propagande. À sa sortie en 1935, *Le Triomphe de la volonté* a été montré avec des pincettes dans une dizaine de pays seulement, là où *Home* bombarde petites et grandes contrées, du Burundi au Venezuela, avec l'acharnement d'une forteresse volante.

Il est étrange de constater, en revoyant Leni Riefenstahl dans une édition américaine[1], que le film commence par une séquence d'Allemagne *vue du ciel*. Envoûtant spectacle : nuages clairsemés troués de soleil, toits de Nuremberg... musique de Wagner. Mais où sommes-nous ? Est-ce le vol d'une

---

1. En France, *Le Triomphe de la volonté* reste interdit de DVD, suivant l'habituelle politique du déni – déni de la Collaboration, déni de l'intelligence du spectateur, déni de confiance en son propre système immunitaire. Notre devise : infantilisation de la populace, principe de précaution et couches-culottes.

cigogne filmé en POV?... Au bout d'une minute, on comprend : dans l'avion du Führer. Tel le Messie, Hitler descend du ciel pour être accueilli par une foule en liesse.

Similitude des techniques, similitude des moyens de propagande. De la belle image pour en appeler au plaisir esthétique, court-circuiter la réflexion et créer du consensus. Il est assez piquant de retrouver la même approche sur les grilles du jardin du Luxembourg, propriété du Sénat, où une exposition quasi permanente de photographies niaises crée une communion universelle autour d'images bateau érigées en icônes. Le visage buriné d'un paysan micronésien y côtoie une favela et un flocon de neige en très gros plan. Idem sur la page d'accueil du moteur de recherche *Bing* de Microsoft, où une zolie imaze cucul nous est imposée – elle change tous les jours dans un kaléidoscope aussi abrutissant qu'infini.

Demain, sur tous les ordinateurs du monde, combien de fonds d'écran seront des captures de *Home*?...

Vincent : Pour une fois qu'un projet sympa parvient à fédérer l'ensemble de l'humanité.

Moi : Comme une grippe.

Vincent : Personne n'est obligé d'aller voir *Home*.

Moi : C'est là que tu te trompes. Les enfants, dans les écoles, y sont conduits par leur maîtresse.

Les salariés du groupe PPR, par leur patron. Les chalands du service public, par France 2. Moi, je suis obligé. Mes voisins me poussent aux fesses. Demain ils iront contrôler.

Vincent : Tu charries.

Moi : Disons qu'ils mettent une certaine pression psychologique. Imaginons, je croise demain le généraliste pendant qu'il sort son insupportable gamin – la faute à pas de chance. Imaginons qu'il me lance : « Alors, cher voisin, c'est terrible, n'est-ce pas, pour notre planète ? » Il en est capable, le crétin, je mets quelque chose à couper qu'il en est capable. Je lui réponds quoi ? Que je n'ai pas daigné voir le film que toute personne sympa, responsable et aimant la nature aura vu ?... Que je ne lis pas les messages épinglés au panneau de liège alors qu'ils sont consciencieusement affichés pour mon bien-être par des mains besogneuses ?... Ou pire, que je les enlève ?...

Vincent (dans un rire) : Ce n'est pas la révolution culturelle, tout de même.

Moi (contrarié) : Il y a de troublantes similitudes.

Il me paraît incroyable qu'un garçon cultivé, avec un excellent sens de l'humour, un regard critique sur ses contemporains, un type que je connais depuis mes longues étudiantes, passionné de jazz, de cuisine raffinée, un esthète dont le mode de vie est à des années-lumière de l'intégrisme écolo, ne sente pas les gros filets de pêche d'un Arthus-

Bertrand. Et quand il les voit, il hausse les épaules :
« C'est pour la bonne cause. »

Il faudrait commencer par définir ce que c'est qu'une « bonne cause », tout de même. On en a connu au XXe siècle des bonnes causes, des causes excellentes ! En Russie, en Chine, au Vietnam...

Lui : Ah ! mais pas du tout, ah ! mais rien à voir, je refuse tes sophismes, ce que tu dis transpire la démagogie.

Alors moi : Quand la forme choisie est celle de Leni Riefenstahl, avec sa statuaire d'images trop belles, de musique émouvante, d'enfants qui tendent leurs bras vers l'avenir, etc., on peut avoir de sérieux doutes sur le fond.

Lui : Ah ! mais... Ah ! mais...

Il ahmaise, je m'énerve et je ne comprends pas pourquoi. Plus tard, je regretterai d'être allé aussi loin aussi vite, sans gants, sans muselière, avec des arguments que je ne renie pas mais qui s'appuient trop sur le sentiment. Il est possible que la crispation soudaine de mon ami, m'ayant pris au dépourvu, ait taquiné mon exaspération.

Leni Riefenstahl, dis-je, après avoir pourléché les lauriers du nazisme et essuyé quelques plâtres en 1945, s'en est allée photographier des tribus africaines et des poissons en faisant de la plongée sous-marine. Rembobinons et passons ça au ralenti. Observons le cheminement, la démarche créative. Parmi les millions de thèmes possibles, la reine de la propagande brune a choisi le paternalisme mi-amusé mi-effrayé de l'homme blanc face aux coutumes nègres. Bon. Je n'en pense pas moins, mais bon. Puis elle plonge dans la pureté des eaux tropicales et livre une ode à la nature que n'aurait pas renié...

Home, en particulier, et le prurit écolo, en général, ne manquent pas de jolis poissons, c'est le moins que l'on puisse dire.

Home, en particulier, et le prurit écolo, en général, ne manquent pas non plus d'Africains ni d'Esquimaux, qu'ils appellent « populations du Sud », et qu'ils invitent à rester à l'état de sous-développement – message implicite du film – parce que : 1) ces braves bêtes réduisent leur empreinte carbone au strict minimum en ne gaspillant pas les ressources fossiles comme le fait l'homme blanc, 2) ils ont appris à se contenter de peu – ils mangent très peu de viande, et 3) ils montrent l'exemple de ce que l'on peut obtenir avec un peu d'ingéniosité, d'huile de coude et de jeûne si l'on fait l'effort de dompter ses besoins consuméristes primaires.

Ce qui ne gâche rien (je m'emporte), ce qui ne gâche rien, ils sont très « tendance » : on peut s'y livrer à du tourisme « durable »[1].

_____

1. À la Bibliothèque publique d'information (BPI) du Centre Beaubourg, quelques mètres après avoir passé

Alors oui, puisqu'il faut appeler un chat un chat, je me demande s'il n'y a pas davantage qu'une connivence sémantique entre pureté de la nature et pureté de la race. Une complicité... Un recel de complicité...

Sans aller jusqu'à...

---

l'entrée principale, un présentoir incontournable « tourisme durable » expose la littérature disponible sur le sujet. Un *Guide du Routard Tourisme durable 2008* propose de « faire le plein d'adresses pour voyager responsable », à l'exemple de cet « hôtel-spa-resto-bio » d'Alsace à 195 euros la nuit en pension complète.

Comme je m'étonne qu'on ait choisi ce thème plutôt qu'un autre, la bibliothécaire me regarde avec des yeux emplis de pitié condescendante : « Mais c'est pour sensibiliser, voyons. » Pour elle, je suis un de ces demeurés, mi-chômeurs mi-branleurs, éternels étudiants, qui viennent chercher à la BPI un semblant d'occupation.

Le Routard a-t-il seulement réfléchi au fait que le *tourisme durable* est au mieux un oxymore involontaire, au pire un non-sens vicieux, digne d'Orwell et de son « la liberté c'est l'esclavage », puisque le tourisme le plus durable serait celui où l'on resterait à la maison sans salir les coins sauvages de la planète ni émettre de CO_2 ?

Ce temple du savoir qu'est la BPI a-t-il seulement envisagé que l'on pouvait « sensibiliser » les chômeurs-branleurs-éternels-étudiants à la géométrie euclidienne, aux comédies de Shakespeare, au chant chinois ou à n'importe quel autre thème tiré de cinq millénaires de culture humaine ?

Hitler aussi aimait beaucoup la nature, voulait la protéger. Il était végétarien.

L'amalgame est facile. Hitler végétarien – si le fait est exact, il manque de doigté. L'épouvantail est rustique, pour le moins. Les Anglais diraient un *thought-terminating cliché*. Je préfère ne pas l'exhiber devant des oreilles dont je ne réponds pas, et quand il m'échappe malgré tout, je m'efforce d'en diluer l'effet par une grimace adéquate prouvant que j'assume une dose de faiblesse intellectuelle – car (faut-il le préciser?) il n'y a pas de rapport immédiat entre la folie personnelle d'Adolf Hitler et la protection de la nature[1].

---

1. Cependant, les notes qui suivent seront utiles pour me prouver à moi-même que je ne délire pas.

Dès août 1933, dans un discours diffusé à la radio, Göring annonce l'interdiction de la vivisection « sous peine de camp de concentration ». Novembre 1933 : *Reichstierschutzgesetz*, loi de protection des animaux du Reich, interdisant notamment l'alimentation forcée des animaux. Mars 1936 : loi pour la protection de la nature sauvage et le reboisement. (Plus tard, une idée sera de faire de l'Ukraine, que l'on aura dépeuplée, un vaste parc naturel dédié à la protection des animaux menacés d'extinction.) En septembre 1937, publication des mesures à respecter pour un transport décent des animaux fermiers – mesures dont ne bénéficieront pas les Juifs.

On trouve, dans les entretiens qu'Hitler a eus avec son entourage, transcrits par l'historien Trevor-Roper, cette

Je me rends compte alors que je ressens comme une ombre de honte devant Vincent, ce gars qui a de l'humour, de la finesse, du jazz, ce Vincent qui me connaît depuis... depuis... et qui, me connaissant comme pas deux, aurait dû partir d'un rire franc et antiseptique, un rire qui balaie les malentendus et les traits d'esprit à la con. Il aurait dû me rassurer : on ne prend pas Hitler au pied de la lettre. Au lieu de quoi, il est resté de marbre. J'aurais pu y graver une épitaphe.

Pourquoi le nier? il y a maintenant une distance entre nous. Si l'on ne peut plus se payer le luxe d'être bête devant un ami, est-ce encore un ami?

---

prophétie de 1941 : « On peut regretter le fait de vivre à une époque où il est impossible de se faire une idée de ce que sera le monde. Mais il y a une chose que je peux prédire aux mangeurs de viande : le monde du futur sera végétarien ».

[Sous-note : retournant ma logique fallacieuse dans une remarquable prise d'aïkido, mon ami Vincent m'apprendra quelques jours plus tard qu'Albert Einstein s'était converti au végétarisme un an avant sa mort.]

3.

Le jeudi 4 juin 2009 j'achète *Libération*.

Le papier est là, c'est une bonne surprise. Je me relis : je compte les doigts de mon texte comme un papa qui récupère son enfant après un acte chirurgical.

Ça commence mal. La première phrase a été purgée. *Leni Riefenstahl en avait rêvé, Yann-Dieu l'a fait,* a été victime d'une cachotterie. Je suis déçu, j'y tenais, moi, à Leni – on vient d'en parler. Sucré également le mot *konzern*, employé pour qualifier le groupe PPR[1].

---

1. Mon idée, un peu filoute, était de tirer un parallèle entre PPR, l'argentier du projet *Home*, et les groupes industriels allemands tels que Krupp, Agfa, etc.

Un libraire, ayant lu la version non filtrée du texte sur le site P.O.L, m'a fait remarquer que le mot *konzern* était employé improprement car il suppose une double inté-

Pour le reste, ça peut aller. Au milieu, je cherche ma phrase-pivot : *Quand il entend le mot culture, Yann sort son hélicoptère.* Ce vertige-là est resté, Baldur von Schirach nous fait coucou.

Les commentaires fleurissent sur le site. Il y en aura plus de 200 en quelques jours. Violemment pour (quelques-uns), violemment contre (la plupart). L'internaute n'est pas indifférent et il le fait savoir avec toute l'élégance que permet l'anonymat[1].

On y trouve la comparaison animalière : « Vous êtes bien plus proche de la blatte que ne le seront jamais les personnes contraintes de fouiller les décharges pour y trouver de quoi vivre. »

La grandiloquente tentative d'intimidation : « La Terre, n'oubliez pas, était là bien avant que vous ne commenciez à tenir un stylo-plume. »

---

gration industrielle, à savoir une intégration horizontale – ce que réalise PPR en possédant plusieurs marques d'un même territoire de concurrence – et verticale – ce que PPR ne réalise pas vraiment, les magasins Fnac ou Conforama ne distribuant pas les marques Gucci ou Sergio Rossi. [L'article dans son intégralité est reproduit en bonus, à la fin du livre, page 185.]

1. Jadis, au temps d'avant l'internet, l'écrivain anonyme se limitait à salir la porte des chiottes. Dans un bar à Montpellier, au coin hommes, j'ai lu un des graffitis les plus réussis : « Maman, si tu lis ceci, sache que je regrette pour la soupière ».

Le jugement couperet : « Votre absence de valeurs et votre lâcheté vous placent à la lie de l'humanité »[1].

Il y a aussi des avis plus subtils, plus détaillés, comme celui de raphael_d :

« Vous avez choisi votre camp. Ainsi décidez-vous de rejoindre la colossale armée des amuseurs de foules, des faussement sceptiques[2], des moustiques agacés et agaçants. Par je ne sais quelle cuisine, vous tentez d'attirer les regards dans votre direction, espérant quelque éloge des lecteurs en vous appuyant sur un art que vous ne maîtrisez pas : dénigrer subtilement un personnage de premier plan, le tourner en ridicule afin de vous faire passer pour le grand accoucheur des âmes, le gourou des

---

1. C'est mon insulte préférée. Ne me demandez pas pourquoi.

À propos de préférences. Quand j'avais dans les sept ans, mon grand-père aimait me montrer ses blessures de guerre. Il en avait une grande à la cuisse, qui me faisait peur. Les tissus s'étaient mal assemblés – et un bout de viande manquait. « Tu vois, ici, la balle a ricoché, m'expliquait-il. Elle est partie dans l'autre camp, où elle a tué trois Allemands. » C'était sa blessure fétiche.

2. Doit-on voir ici un jeu de mots, ô combien désopilant, avec *fosse septique* ?... Non, je ne le crois pas. On reviendra sur ce *faussement sceptique* tout à l'heure. Il ouvre des pistes.

lucides, observant et frappant en temps voulu, le Socrate des temps modernes »[1].

Le gars m'oblige à réfléchir. On découvre des portes dont je ne soupçonnais pas l'existence. «Vous avez choisi votre camp. »

Bigre.

Ainsi le doigt du peuple pointe vers moi. On m'apostrophe. On me désigne nommément. Tonnent les Dieux : vous, oui – vous, vous avez choisi votre camp ! Finie, la rigolade. Le monde est binaire. Celui qui n'est pas avec nous est contre nous. Il va y avoir du sang. On lance mon nom à la foule. « On en fait quoi de ce clown ? »

Les amuseurs, où raphael_d me range non sans une certaine clairvoyance, sont d'agaçants morpions. Des petites fientes. Des virus. Perturbent-ils par leur brouhaha le majestueux éléphant ? Non, bien sûr. Mais leur nature mal-

---

1. La référence à Socrate souligne une certaine maîtrise des humanités, niveau première.

On conçoit aisément que le philosophe grec, par ses déclarations remplies de perplexité (« Tout ce que je sais, c'est que je ne sais rien »), ses appels étranges en faveur de ce qui pourrait passer pour de la consommation de masse (« Le bonheur c'est le plaisir sans remords »), son fatalisme (« Le temps malgré tout a trouvé la solution malgré toi »), son absence de prise de position sur le phénomène du réchauffement climatique, irrite mon anonyme.

faisante est évidente. Ils ne veulent pas sauver la planète. Pire, ils n'existent que comme négation d'un grand et indispensable projet, un idéal porté par des « personnages de premier plan ». Quand raphael_d et les autres, les droits-dans-leurs-bottes, les sérieux, les planetejugend, ont un but dans la vie, l'écrivain, lui, se défile comme un scherzo, il louvoie, fait sa petite cuisine, met un masque, fait le mariole pensant attirer à lui un peu de lumière médiatique. Comme il est minable et veule ! Eux, solides comme un mausolée, le regard franc, le muscle clair, les idées sveltes, le regardent gigoter. Ils ne prennent même pas le temps de l'écraser. Il s'écrasera tout seul.

— Ce Raphaël a raison, dit soudain Élisabeth. Par ton article, tu as choisi. Tu t'es engagé. Tu es contre la planète, que tu le veuilles ou non. Leur logique ne tolère pas les tièdes.

— Attends, chérie, dis-je. Il y a un malentendu. Je ne suis ni tiède ni froid : la notion de température ne devrait pas s'appliquer à moi. Je n'ai même pas de trou pour mettre un thermomètre. Car je n'ai rien dit sur la planète, rien sur le réchauffement du climat, rien sur la biodiversité, rien sur le commerce équitable, rien sur le gaspillage des ressources, rien sur la pollution des eaux, de l'air et des frontières, rien sur le *fond*, en somme. J'ai parlé d'un film. J'ai parlé de la *forme*. J'ai parlé d'opportunisme. J'ai parlé de Leni Riefenstahl. De la silhouette du totalitarisme. Et de rien d'autre.

– En cognant l'un des leurs, quel que soit ton angle d'attaque, tu vises tout le système, on le sent bien.

O.K. Je comprends. Dans l'histoire des idées, quand la forme et le fond sont indissociables, on peut craindre le dogme.

Un dogme n'est pas forcément péjoratif : il n'est pas un sujet de discussion, c'est tout.

Un dogme dit : la fin justifie les moyens. Attention, pas n'importe quelle fin. Une fin grandiose. L'immortalité, l'avènement du Royaume de Dieu, l'abolition de la pauvreté ou le sauvetage de la planète sont des projets dignes du dogme.

Il dit aussi : commencez par croire, ensuite on verra.

Il dit : on a déjà perdu trop de temps. Les non-croyants, avec leurs idoles, ont failli nous couler. Mais on va se ressaisir. Il n'y a plus une minute à perdre.

Il dit : même si vous ne comprenez pas tout, car personne ne peut saisir toute la portée des recherches spirituelles, philosophiques, scientifiques, effectuées par des milliers d'humains avant vous, je vous demande de croire, car c'est pour votre bien. Vous ne le regretterez pas.

Je réalise alors que l'exact contraire de *faussement sceptique* est *sincèrement croyant*.

Par ricochet sur ma personne, raphael_d et les autres se définissent comme *croyants*. D'entrée de jeu, ils se rangent sous l'étendard de la foi. Ils en sont fiers. Ils le revendiquent. Nous, nous avons un idéal! clament-ils en substance. Au nom de quoi, ils m'interpellent : toi, l'écrivain, tu as choisi ton camp, celui des sceptiques, des petits-bourgeois, des égoïstes et des pitres.

4.

J'en parle à Vincent.

– Tu chicanes, répond-il. Avoir des convictions, ce n'est pas forcément être croyant.

Au téléphone, sa voix paraît fatiguée.

– M'enfin, dis-je, les convictions sont une chose, la posture religieuse en est une autre.

Il s'étonne, presque outré.

– Il n'y a rien de religieux à défendre notre planète. Parle plutôt de nécessité. On n'a que trop tardé. Tout cela va mal finir. Quand je vois les pics de pollution à Paris dès qu'il fait chaud...

Attends, Vincent, attends mon bonhomme. Serais-tu atteint de catastrophisme, toi aussi?... Entendrais-tu, dans ton sympathique quatre-pièces de Levallois-Perret, les sabots de l'Apocalypse?... J'en suis comme retourné.

– Ah, tu m'énerves. On ne peut pas parler sérieusement avec toi.

Il raccroche.

Je reste sonné. L'annonce de la fin du monde est une des caractéristiques de l'écolo-psychose et un fort symptôme de religiosité. Toute secte digne de ce nom a une Apocalypse à son arc. Les Témoins de Jéhovah ont prédit pas moins de quatre Apocalypses. La secte de l'Énergie universelle, de l'inénarrable Maître Dang, emprisonné un temps à Bruxelles pour escroquerie [1], a prophétisé il y a quelques années que « lorsque l'éclipse du soleil

---

1. Présentation de Maître Dang par lui-même, tirée de sa documentation :

« Les 30 années de travaux de Luong Minh Dang en matière de guérison par l'énergie universelle et de spiritualité ont été reconnues par l'école des médecines complémentaires. Il a reçu un doctorat en philosophie de l'Université internationale ouverte aux médecines complémentaires à Munich (Allemagne) en septembre 1994, et un doctorat en sciences de Colombo, à Sri Lanka, en avril 1996. Il a été officiellement nommé professeur par l'Université internationale ouverte en novembre 1997 et est devenu un membre du conseil des gouverneurs de l'université. En outre, la guérison par l'énergie universelle est devenue une division de l'Université internationale ouverte aux médecines complémentaires de Colombo. Il a également reçu le prix Albert Schweitzer de 2001 au Congrès mondial des médecines alternatives tenu en Australie en novembre 2001. »

aura lieu sur Paris, la chaleur qu'elle dégagera provoquera la fonte des glaciers les plus proches du pôle Nord et l'eau se déversera dans les océans[1] ».

La fonte des glaces, le grand déluge.

On va mourir.

Mais avant d'y passer, tradition judéo-chrétienne oblige, on va souffrir.

Dans le rapport Greenpeace (éditions du Rocher, 1990), on frémit d'apprendre que « le progrès des technologies a des effets secondaires que nous ne soupçonnons pas ». À la suite de quoi, « on verra l'implantation chez nous d'une série de maladies, jusqu'ici confinées aux régions tropicales, comme la malaria, la trypanosomiase [...], la fièvre jaune, la dengue, la peste ainsi que la dysenterie ». Pire que ces cataclysmes, dignes des plaies d'Égypte,

---

1. Explication technique, pour les esprits rationnels que nous sommes :

« Si l'éclipse perdure et que le Soleil et la Lune restent alignés, cela va augmenter la température. Et quand la température augmentera, il y aura une fonte brutale et globale de la banquise et il y aura, si cela arrive, une inondation totale de la planète. Si on n'arrive pas à utiliser notre sixième sens pour envoyer loin dans l'Univers cette masse de nuages, nous mourrons tous. Nous mourrons à cause des inondations d'abord et ensuite à cause du froid dû aux nuages qui empêcheront le soleil de réchauffer la Terre. » (Propos relevés par le père Jacques Trouslard, chasseur de gourous.)

la déchéance morale : « Il est possible que l'inquiétude et le désespoir au sujet de l'avenir se traduisent par une augmentation des comportements nihilistes et asociaux. »

Nous sommes damnés. « L'irréversible est à notre seuil », s'époumone Hulot-Raspoutine dans *Pour un pacte écologique*. « Sonnez le tocsin ! »

Al Gore, lui, choisit une comparaison historique : « Dans les années 1930, lorsque la Kristallnacht a montré la vraie nature des intentions d'Hitler, la lucidité historique a fait profondément défaut. Bien peu de gens pouvaient imaginer l'Holocauste qui allait suivre. Pourtant, avec le recul, l'avenir qui se dessinait relevait de l'évidence. Aujourd'hui, des signaux d'alarme d'un genre différent nous avertissent d'un massacre sans précédent de notre environnement[1] ». Allez manger votre quatre-heures après ça.

----

1. Pioché dans *Urgence Planète Terre*, traduction quelque peu hystérique de *Earth in the Balance*, mais on ne va pas commencer ici le procès des traducteurs français. Le massacre de Shakespeare... de Gogol... de Twain... Il y a des épingles sous les ongles qui se perdent.

Au passage, notez je vous prie qu'Al Gore pratique la *reductio ad hitlerum* sous une forme bien plus décomplexée que votre serviteur, mes comparaisons avec Hitler étant strictement réservées à un usage privé, dans le cadre d'une discussion enflammée avec Vincent. Si elles se sont retrou-

Chez un libraire, j'apprends que, mon Dieu, la Suisse aussi. *La Suisse se réchauffe*, titre angoissant, à tout le moins (collection « Le Savoir suisse », éditions PPUR, 2006). Je feuillette ça, en même temps que *Écologie, quand les femmes comptent* (éditions L'Harmattan, 2002)[1].

– Nous avons un bon rayon environnement, dit un vendeur en voyant que je m'éternise.

Sa voix est suavement commerciale. Dans un bordel, il aurait dit : ah, je vois, monsieur est connaisseur, prenez votre temps, nous avons reçu des jumelles de Bulgarie, une amusante rouquine avec une toute petite bouche, une funambule de chez Bouglione, prenez votre temps...

Alors je le prends, ce temps, je parcours les longues étagères, je me documente, je voudrais comprendre.

---

vées sur ces pages, ce n'est que le résultat du genre littéraire choisi, à savoir l'autofiction, genre qui suppose la franchise de l'écrivain quelle que soit la lie sexuelle ou intellectuelle où l'on se vautre.

1. Quatrième de couverture : « La pertinence écologique de la vision féminine du monde est-elle encore à prouver ? [...] Les femmes s'attachent à retisser le monde pour qu'il reste un lieu d'accueil pour les générations futures. Ce livre est un regard sur leur savoir-faire sans lequel l'écologie resterait à inventer. » Seule ma radinerie m'empêche de l'acheter sur-le-champ et de l'offrir à Élisabeth, mon objet sexuel.

Combien de fois nous l'a-t-on faite?... hein?... dites-le-moi... sans parler des sectes... depuis le livre d'Enoch... le livre de Daniel... depuis les visions de Jean... la grande peur de l'An Mil... Nostradamus... le bug de l'an 2000... Nous aurions dû disparaître... Aujourd'hui comme hier, l'Apocalypse est à nos portes, à nos trousses, à notre hymen, c'est un miracle que l'on soit encore là, insubmersibles, malgré ce déchaînement de forces prophétiques, malgré cette pluie de malédictions[1].

La glaciation... Rappelez-vous, la hantise des *seventies*. Vous n'étiez pas né, peut-être... De sombres articles prévoient une baisse de l'ensoleillement suivie d'une chute des températures sur l'hémisphère Nord, d'où récoltes catastrophiques et famine[2]. On

---

1. Le prochain gros pépin est prévu pour le 21 décembre 2012, d'après certains adeptes du New Age. Cette date coïnciderait en effet avec la fin du cycle calendaire maya.

2. *Newsweek* (28 avril 1975) : « Le fait est que, après trois quarts de siècle de conditions extraordinairement douces, le climat de la Terre semble se refroidir. Les météorologues ne sont pas d'accord sur la cause et l'étendue du refroidissement, ainsi que sur son impact spécifique sur les conditions météorologiques locales. Mais ils sont presque unanimes à considérer que la tendance va réduire la productivité agricole pour le reste du siècle. Si le changement climatique est aussi profond que certains pessimistes le craignent, les famines qui en résulteront pourraient être catastrophiques. »

Plus loin, carrément à l'Ouest : « Les climatologues sont pessimistes quant au fait que les hommes politiques prendront des mesures nécessaires pour compenser les changements climatiques ou en atténuer les effets. Ils admettent que certaines solutions parmi les plus spectaculaires proposées, tel que le recouvrement par de la suie de la calotte glaciaire de l'Arctique afin de la faire fondre [*sic*], pourraient créer des problèmes beaucoup plus importants que ceux contre lesquels on se bat. »

L'article site les opinions du très ronflant Dr. James D. McQuigg du National Oceanic and Atmospheric Adminitration Center for Climatic and Environmental Assessment ou du plus sobre Dr. Murray Mitchell du même NOAA.

Soulignons par honnêteté intellectuelle que *Newsweek* n'est pas un journal scientifique, et levons un verre. Glace. Glaçons. Whisky. Le prochain âge glaciaire est prévu pour dans 20 à 50 000 ans. Il est inévitable, compte tenu de l'évolution de l'orbite terrestre – le forçage orbital –, pour une fois tout le monde est d'accord, et ce, depuis les années 1930 et les calculs de Milankovitch. Notre civilisation a eu la chance de brouter son herbe dans un âge interglaciaire, un sympathique été de quelques milliers d'années. Après-demain, l'automne. L'hiver nous pend au nez.

Vingt mille ans, ce n'est pas pour tout de suite, me direz-vous.

Ça finira par arriver.

Juste une idée : on sera bien contents d'avoir un peu d'effet de serre sur la couche supérieure de l'épiderme, pour nous tenir chaud.

Vingt mille ans. Ceux qui font au quotidien leur petit

en parlait pas mal. L'information se vendait bien. « *The ice age is coming* », chantaient les Clash dans *London Calling*[1] (1979). On se demandait s'il ne fallait pas se mettre à stocker du riz, des pâtes.

Je voudrais comprendre comment Vincent, ingénieur de formation comme moi,

Non, formulons-le différemment.

Ce qui nous unit ce n'est pas que l'on ait fait l'École centrale, encore que,

Ce n'est pas aussi platement que je voulais le dire, mais il y a des similitudes dans nos choix de vie, ou pas loin, bref,

Vincent a eu suffisamment d'esprit critique

---

geste pour la planète mesurent la vie à l'échelle de leurs petites érections.

Vingt mille ans. Dieu sait ce que vaudra mon assurance-vie dans vingt mille ans, si je fais un versement régulier de 100 euros par mois pour préparer ma retraite.

1. Pour équilibrer les choses, précisons que certains critiques rock interprètent ce cri comme une allusion à Margaret Thatcher qui venait d'être élue. Mouais. Au moment où les Clash travaillent, le thatchérisme est encore au stade fœtal et ne cristallise pas l'hostilité que l'on verra plus tard. Écoutons le refrain en entier : « *The ice age is coming, the sun's zooming in, meltdown expected, the wheat is growing thin* », c'est une énumération de désastres naturels où la glaciation a toute sa place. J'attends qu'un exégète de l'œuvre des Clash écrive aux éditions P.O.L pour donner son avis.

pour comprendre que son avenir et lui n'étaient pas faits l'un pour l'autre. Après avoir obtenu son diplôme d'ingénieur et passé un an chez Thomson-CSF, fleuron de l'industrie française, si l'on en croit *L'Usine nouvelle* de 1984, le Vincent dégrisé a jeté à la poubelle les milliers d'heures passées à bachoter la mécanique des fluides. Tant pis pour la carrière, les parents, la petite amie de l'époque et le crédit immobilier : il sera illustrateur.

Ce type qui a suffisamment de distance par rapport à sa propre personne, ce Vincent sauvage et indépendant, non seulement par esprit, comme la plupart des Français frondeurs, mais dans les actes, je le retrouve à quarante ans passés accroché au train collectif de l'Apocalypse à venir. À braire avec le troupeau.

– Ah mais tu deviens désagréable! crie-t-il au téléphone quand je le rappelle le lendemain.

– Excuse-moi, Vincent, je voudrais comprendre. Je savais la foi puissante, mais je ne pensais pas que toi... Mon voisin, le généraliste, d'accord. La voisine du 3ᵉ, escalier C, je n'y vois aucun inconvénient, elle est formatée pour. Mais toi!

Ma manière maladroite de le flatter l'énerve davantage :

– Pour qui tu te prends? Tu te crois au-dessus du lot?... Tu es d'un mesquin! Et sournois avec ça... Au lieu de te pencher sérieusement sur un des enjeux majeurs de notre époque, tu te complais dans l'agressivité. Va lire des livres, mon vieux. Évolue. Je te conseille de commencer par l'excellent *Le Changement climatique*, chez Larousse[1].

Cette fois-ci, c'est moi qui raccroche. C'est insupportable, Vincent fait du prosélytisme. Plus tard, dans l'indispensable *365 gestes pour sauver la planète*[2], je trouve ce mot d'ordre : « Ne laissez

---

1. Yves Sciama, *Le Changement climatique*, Larousse. Code BPI : 550.73 SCI. J'ai cherché en vain ce livre à Beaubourg. Un fan a dû le voler.

2. Éditions La Martinière (2005), toujours à la pointe. Le beau bouquin tout en couleurs (il est destiné à être offert) se présente comme un calendrier géant où chaque jour s'ouvre sur une jolie photo – on ne change pas un marteau-piqueur qui gagne – pimentée par un conseil écolo au verso. La contemplation alliée à l'action, pourrait-on dire. Exemple, au 7e jour de l'année : « Économisez l'eau de la chasse d'eau. En plaçant une brique dans le réservoir des W.-C., vous réduirez le volume évacué à chaque utilisation et pouvez épargner jusqu'à 4 000 litres d'eau par an. » [Sous-note : l'ONG brésilienne SOS Forêt atlantique milite pour inciter à faire pipi sous la douche (ou dans son bain – *xixi no banho*) : si toute la famille s'y met, on pourrait économiser 12 litres d'eau par jour et par foyer. Il est curieux que les chiottes soient le premier endroit auquel on pense pour réduire nos gaspillages et mettre en œuvre le fameux « on s'y met tous ». Une psychanalyse à 3 francs nous donnerait sûrement une explication.]

plus personne de votre entourage répéter : "Mais qu'est-ce que c'est le développement durable?" Expliquez! »

Je suis déçu. Vincent a tenté sur moi un processus d'évangélisation, comme le plus abruti des témoins de Jéhovah. A-t-il sérieusement cru qu'il avait une chance? Ce n'est pas encore une injure, mais ça y ressemble. Se pose en effet la question de la réciprocité : est-ce que je viens, moi, le harponner

---

Au 3ᵉ jour : « Si votre municipalité n'organise pas la collecte des sapins de Noël, réclamez-la. Et pensez aux alternatives : un sapin en plastique qui ressert chaque année. » Un sapin en plastique serait donc écolo-compatible? C'est un point de détail. Car ce qui est important ici, c'est l'idée directrice : transformons nos habitudes ringardes en opportunités de combat. Nous sommes en pleine négation de la culture, une négation revendiquée et militante, tendance pionniers de la Révolution, reprise en juin par le conseil : « Vous cherchez comment utiliser vos prochaines vacances avec une activité originale et utile? Pensez au volontariat pour la nature afin de vous engager dans une action bénévole au service d'une cause écologique majeure. »

J'aime aussi, au 4ᵉ jour de l'année, le commandement : « Renseignez-vous pour vous approvisionner en électricité verte », comme s'il suffisait de demander à EDF de mettre un peu plus d'éolien dans l'assaisonnement.

La perle du livre, pour l'été : « La randonnée équestre offre un moyen très écologique de se promener : l'odeur du cheval couvre la vôtre et permet d'approcher des animaux sans les faire fuir. »

avec mon intimité religieuse, lui, l'agnostique ?... S'il l'est encore... Car un Dieu nouveau, contraignant et pugnace, a emménagé dans ce corps longiligne, une lumière froide s'est allumée dans les yeux... les lèvres se crispent, la mèche flamboie – cet étendard nouveau qui ne présage rien de bon.

5.

Les catholiques utilisent l'eucharistie pour se purifier des péchés passés et se préserver des tentations futures.

Vincent, lui, va au salon « Planète durable » à la porte de Versailles. Il pourrait tout aussi bien aller au salon du Développement durable (octobre), à « Planète mode d'emploi » (septembre), participer à la Journée de la Terre (21 mars – équinoxe de printemps), en remettre une couche le 21 octobre (équinoxe de printemps dans l'hémisphère Sud). Il pourrait fêter la Semaine européenne du vélo (juin), celle, européenne également, de la mobilité durable (septembre), sans oublier – comment pourrait-on ? – la grande Semaine du développement durable (mars). Il pourrait se recueillir à la Journée mondiale de l'environnement (juin), à la Journée européenne du vent (juin également – décidément un mois saint), à la Journée européenne du solaire (avril), à la Journée mondiale de la biodiversité (mai). Le sacerdoce de l'environnement remplit le calendrier. Il pourrait faire tout cela, et bien davantage[1], mais il ne fréquente que la porte de Versailles. La pratique d'une religion prend du temps, et l'on peut regretter la concurrence de nos obligations quotidiennes – travail, famille – sur l'épanouissement spirituel. Vincent n'est ni un moine ni un intégriste. Il est pragmatiquement croyant – dans la mesure où sa foi n'empiète pas sur son mode de vie. C'est un écologiste à visage humain.

Certains catholiques et de nombreux protestants ont le sentiment d'expier une faute, la leur ou celle de leurs lointains aïeux, une faute universelle qui fait de leur chemin terrestre un long parcours de souffrance.

----

1. Saluons ici la qualité des initiatives régionales, comme la Journée Trop-de-Déchets, en Alsace (juin).

La légendaire convivialité de nos provinciaux, qui se lâchait jadis à l'occasion des fêtes caritatives pour les mutilés de la Grande Guerre et des goûters dansants en honneur des anciens combattants, prouve aujourd'hui qu'il existe une alternative aux traditionnelles foires aux rillettes. Dans la brochure municipale de la commune de Saint-Cergues (Haute-Savoie), j'apprends que la Fête de la nature (mai) s'est épanouie en un « grand jeu de piste familial » suivi d'un « verre de l'amitié » sur le « parking de la mairie ».

Vincent aussi se sent fautif. Il observe les agressions innombrables de l'espèce humaine contre la nature et il sait qu'une part de la responsabilité collective est sur ses épaules. Si Adam et Ève, en poursuivant le mythe du progrès, ont mis en danger la planète, c'est Vincent qui en supporte le remords. Une mauvaise conscience le travaille. Ce qui ne l'empêche pas de vivre, ni de polluer à son tour : pour transporter Claire et les enfants vers leur maison de campagne en Bourgogne, il a un break Opel. Il ne consomme pas moins que moi : sa femme et la mienne ont l'habitude de faire les soldes ensemble. Il est abonné à une dizaine de journaux haut de gamme, imprimés sur du papier couché très peu écologique, magazines qu'il est obligé de lire pour être au courant de ce qui se passe dans le monde du design, de l'illustration, de l'architecture. Comme moi, il aime travailler tard dans la nuit, et la lumière?... Ce n'est pas que je rapporte, je constate. L'empreinte carbone de sa famille est sans doute supérieure à la mienne. Sa bigoterie s'arrête là où commence son *véritable* confort, ses *véritables* habitudes. Ce qui ne l'empêche pas de multiplier les signes de dévotion. Il met un point d'honneur à faire son marché bio, le dimanche matin, boulevard Raspail. Il va chez Biocoop[1]. Son café est

---

1. Un des rares magasins du monde occidental où les caissières-vendeuses font exprès d'être froides, suffisantes

équitable, enfin c'est ce qu'il croit. Son papier-toi-lette ressemble à un journal d'Europe de l'Est, il est gris et n'absorbe pas. (Mesdames, évitez les toilettes de Vincent !) Il aime à penser que, quand il se torche le derrière, aucun arbre n'est lésé dans l'affaire.

Certains catholiques et de nombreux ortho-doxes sont des mystiques de l'invisible : ils savent dans quelles pensées l'Adversaire se loge, par quelles fissures Satan se glisse dans les âmes. Par-fois, quand le soutien de la foi n'est pas suffisant, le démon s'installe si profondément en nous qu'il faut le chasser par des exorcismes ou de l'auto-flagellation.

Vincent aussi se méfie de lui-même, de ses faiblesses, de ses doutes. Il pourrait reprendre à son compte le credo « l'ennemi ne vient pas de l'extérieur, il siège à l'intérieur de notre sys-tème et de nos consciences » (Nicolas Hulot, *Pour un pacte écologique*). Le mal, c'est notre tiédeur face aux défis de l'écologie. Mais pas seulement.

---

et constamment débordées (en plus d'être laides – mais là, c'est subjectif). C'est à ce point systématique que je soupçonne une consigne de la direction, un trait de leur positionnement marketing. Ce serait lié à la schizophrénie de leurs clients qui détestent tout ce qui ressemble à de la consommation-plaisir. Consommer, oui – mais dans la douleur, la laideur, l'ennui et la perte de temps. Toujours ce besoin d'expier.

Le mal a une formule chimique : c'est le CO_2 sournois. Aucun moyen de savoir combien on en produit, chacun dans son coin. Il est inodore, incolore, on ne peut l'enfermer, il est invisible. Soulève la pierre, il est sous la pierre. On en respire, on en rejette. Partout il diffuse son action maléfique.

Quelques chrétiens, principalement catholiques ou orthodoxes, renoncent à la vie séculaire, pour s'isoler dans la prière et la méditation. Certains peuvent avoir des visions, recevoir les stigmates du Christ.

Vincent n'est pas un moine et il ne cherche pas à le devenir. Mais il écoute les prophètes de sa religion. Ces parangons s'expriment en privilégiant le pathos, le tutoiement paternaliste, les attitudes monacales. Chez Hulot, dans *Le Syndrome du Titanic*, le trip hallucinogène (« J'ai vu la planète se rétrécir sous mes yeux ») côtoie les appels à la vocation dignes de saint Paul : « Je ne suis pas né écologiste, je le suis devenu », et les poses sacrificielles : « Jusqu'où suis-je prêt à aller dans le choix, dans le renoncement ? » Dans *Home*, liturgie : « Tout ce que tu vois n'est pas seulement un paysage, c'est le visage aimé de notre Terre. » On pourrait penser que c'est une déformation professionnelle, comme les cuisses-jambonneaux sur les cyclistes du Tour de France, un tic légèrement agaçant mais qui ne prête pas à conséquence. On aurait tort. C'est la partie mystique du prurit qui fait dire à l'actrice Mélanie Laurent, à propos de son engagement écolo : « J'ai vécu une sorte d'éveil : je me suis dit tout d'un coup que, avant, j'avais vraiment une vie de conne[1]. »

Les catholiques, quand ils ont péché, peuvent aller chez un curé et s'acheter une bonne conscience. Le prix de la rémission temporelle a beaucoup baissé depuis la Réforme, mais on donne encore au denier du culte, on donne aussi à diverses œuvres de bienfaisance.

---

1. Entretien dans *Elle*. Courage, belle Mélanie, Mélanie Madeleine, tu as la vie devant toi pour faire pénitence, racheter tes pollutions, convertir les incroyants.

Dans le même article, elle poursuit : « Les gens qui affirment que l'écologie ne les concerne pas, c'est comme s'ils disaient : "Je suis pour la guerre." Alors j'argumente, je reste calme, j'explique. » Dieux ! Qu'il serait tentant de mettre Mélanie dans une machine à voyager dans le temps et de l'envoyer en 1942, 1916, 1812, etc., pour ne prendre que les guerres de type caucasien, afin de lui faire goûter sa comparaison. Admirons au passage la maîtrise dont fait preuve l'actrice : agressée au plus profond de sa croyance, au lieu de baffer, elle prend sur elle. (Hernán Cortés n'en a pas fait autant.)

À la question « Vous triez vos ordures ? », Mélanie répond : « Bien sûr. J'ai deux poubelles. Je voulais aussi faire du compost, mais à Paris c'est compliqué. » Aujourd'hui on ne fait pas plus glamour.

La nouvelle religion de Vincent, copiant le succès du dominicain Tetzel[1], a inventé la « compensation carbone », mécanisme par lequel on verse son
obole à chaque fois que l'on émet du CO_2, à charge
pour l'ONG ainsi gratifiée de planter un arbre ou
de réaliser un autre sacrement veillant à la « neutralité carbone ». Pour ce *remake* des indulgences,
la demande des entreprises est, paraît-il, insatiable.
L'offre s'adapte en conséquence : la quantité d'offi-
cines proposant des services carbone a explosé, sur
internet, on en trouve autant que des sex-shops[2],

---

1. À qui l'on attribue l'excellent « *Sobald das Geld im
Kasten klingt, die Seele aus dem Fegfeuer springt* » (Sitôt que
sonne votre obole, Du feu brûlant l'âme s'envole). Mon
petit doigt me souffle cependant que c'est trop joliment
formulé pour être une citation d'époque : le cynisme est ici
d'une rondeur trop parfaite. N'étant pas universitaire, hélas,
je n'ai ni les moyens ni le temps de creuser la question.

2. Je confesse, c'est exagéré.
Il m'est arrivé de taper « sexe » dans l'internet, pour
récolter 8 liens publicitaires (dont le salivant « Enfin un
vrai site vidéo Porno 100 % Gratuit ! Films XXX gratos à
gogo » chez video-xxx.fr). La même démarche pour « compensation carbone », ne donne que trois liens. Le flatteur
« Pour une démarche responsable. Soyez des précurseurs »
chez izypeo.com – encore un qui a étudié *Le Corbeau et
le Renard* à l'école. Le sobre, tendance couperet, « Éva-
luez l'impact de vos activités » chez carronconsultants.fr.
Et le haut de gamme « Neutraliser vos émissions avec des

certains sont adaptés aux particuliers. Je ne sais pas si Vincent compense pour racheter son âme. Il devrait. Ça le rendrait plus serein, joyeux, bon vivant.

Les bigots chrétiens, qu'ils soient cathos, protos, orthos, ont en commun avec les oulémas une consternante absence d'humour dès que l'on touche au religieux. Le rire désacralise, c'est bien connu. Le rire protège des lieux communs et des hammams de cerveau. Essayez donc d'hypnotiser un rieur!

C'est pourquoi le zèle de Vincent est devenu inquiétant quand il a cessé de rire. Car on ne rit pas du prurit. Nulle trace d'humour chez les prophètes. Il n'y a pas de quoi rire, madame! On vous annonce l'Apocalypse et la disparition de l'île de Ré – et vous riez?... N'avez-vous donc aucune stature morale?... Lâche vous êtes, lâche vous mourrez... Votre rire est un crime car il empêche la mobilisation des consciences. Il dilue l'attention. Il peut contaminer les autres. Vous devez être un individualiste indécrottable pour rire ainsi aux dépens de

---

crédits de carbone de qualité » chez zéroGES.com, GES, pour les non-initiés, voulant dire gaz à effet de serre. En résumé, compensation carbone : 3, sexe : 8, c'est le sexe qui l'emporte, pour l'instant, mais la juvénile offre commerciale de la compensation carbone est en pleine croissance. Les futurs diplômés ne s'y tromperont pas quand ils choisiront leur filière d'avenir.

la collectivité. Si tout le monde riait comme vous ! Avez-vous pensé aux enfants ? Vous devez ne pas en avoir...

Quelle religion est capable d'accepter la caricature ? Pas plus l'écologie que l'islam. Mon ironie se brise sur les airs pince-sans-rire de Vincent. Il pense que je vais trop loin. Ses bras croisés... le feu aux joues... les regards inquiets de Claire... il y a de la colère, contenue mais réelle, une petite haine désagréable. Mon rire me protège de son Dieu, me rend l'insouciance, la liberté d'être con, l'homme qui rit oublie le déluge, il est comme ivre.

6.

Un groupe d'écolos demeurés, emmené par un gourou, vit dans un village utopique où l'on ne rejette pas de CO_2. Les énergies fossiles sont bannies, de même que les produits manufacturés, les contacts avec l'extérieur et... le feu. Tremblants de froid, revenus avant l'âge des cavernes, ils triomphent : « Nous avons atteint notre idéal : zéro CO_2 rejeté ! » Voix *off*, incrédule : « Mais quand vous parlez, vous rejetez du CO_2, non ? » Gros plan du gourou : regard noir, couverture-poncho, cheveux longs et sales, amulette autour du cou. Il rumine, puis, avec l'aplomb caractéristique des illuminés : « Pas du tout ! » Suit un slogan – « On ne peut pas vivre sans émettre de CO_2, tâchons déjà d'en rejeter un peu moins » –, et les mensurations écologiques de la Volkswagen Passat Blue Motion, exprimés en grammes de CO_2 rejetés et de consommation aux 100 km. Fin du spot.

Il fallait l'oser. La caricature n'a pas fait rire du tout. Pensez : un constructeur automobile, autant dire Satan en personne, ose se gausser des intégristes, tout en se requinquant sur le dos du CO_2 par opportunisme commercial!... La *vox populi* se déchaîne sur internet. L'ARPP, l'Autorité de régulation de la publicité, autrement dit la censure, sort un mémo rappelant que « la publicité ne doit pas discréditer les principes et objectifs, non plus que les conseils ou solutions, communément admis en matière de développement durable[1] ».

L'Autorité, la censure, précise que « la publicité doit bannir toute évocation ou représentation de comportement contraire à la protection de l'environnement et à la préservation des ressources naturelles (gaspillage ou dégradation des ressources naturelles, endommagement de la biodiversité, pol-

---

1. J'adore ce *communément admis*. Il souligne la singularité déviante de ceux qui, comme moi, n'admettent rien en matière de développement durable, et *communément* encore moins. Comment une seule phrase technocratique peut faire sentir tout le poids de l'ordre nouveau. Comment mieux comprendre que l'on est entré sur un rail de pensée et qu'il n'y aura pas de retour en arrière possible. C'est ce *communément admis* qui brûle les sorcières. Il sent la naphtaline et le dogme obtus.

lution de l'air, de l'eau ou des sols, changement climatique, etc.), *sauf dans le cas où il s'agit de le dénoncer* ». L'Autorité, la censure, exige une dynamique moralisatrice : on n'a pas le droit de montrer le gaspillage ou la pollution (on ne sait jamais, quelqu'un pourrait être tenté), on doit les *dénoncer.*

Ce n'est plus de la trouille, c'est une caricature de la trouille. « La représentation, sous quelque forme que ce soit, de véhicules à moteur en milieu naturel devra clairement les positionner sur des voies ouvertes à la circulation », autrement dit on ne pourra plus photographier une voiture à côté d'un arbre ou au bord d'une chute d'eau. Infantilisation, peur des mauvaises pensées, de mauvaises associations, peur de son ombre, des images subliminales, peur de l'air qu'on respire, peur de son trou du cul.

Peur des voisins ?...

Moi ? Jamais !... Pendant quelques jours, remonté comme je suis, je ne sens plus la peur, je pourrais boire la Méditerranée en une gorgée, je m'imagine dans la foule à mains nues, seul contre tous.

Dans ce moment de bravade, je commets un enfantillage. J'imprime une photo du film – le gourou en gros plan –, avec la phrase emblématique « Mais quand vous parlez, vous rejetez du CO_2, non ? », et un soir vers minuit et demi, je descends en pantoufles vers le panneau de liège. Je fixe ma crotte en prenant soin d'y mettre beaucoup de punaises. Je ne m'éternise guère et je ne signe pas mon œuvre – pas fou.

On se sent léger, léger...

Le lendemain, j'éprouve un plaisir réel à me promener dans le hall de mon immeuble. Je descends par trois fois chercher mon courrier, et mon regard glisse sur le panneau dans un moment d'auto-admiration et de joie morbide quand j'imagine la tête des voisins.

L'enchantement cesse vers dix-huit heures. Je constate que la photo a été fraîchement arrachée – il reste encore un peu de viande autour des punaises.

Qui ?

Le coupable n'est pas difficile à trouver. Le généraliste s'affaire non loin de là : il vient de rentrer du marché et une partie des courses est entassée sous le panneau de liège. J'aperçois un grand cabas « J'agis responsable avec Carrefour »[1]. Mathieu, son fils dégénéré, joue à lancer un ballon de foot

---

1. Il serait grammaticalement enivrant de demander à la direction de Carrefour ce que *agir responsable* veut dire en français. Au-delà du charabia, cette succulente manière d'employer l'adjectif *responsable* comme adverbe à tout faire ! Je marche *responsable*, je bande *responsable*, etc. Sans doute Carrefour a-t-il jugé que « Je fais le bien autour de moi en faisant la queue à la caisse de mon hyper » était moins crédible, un poil déplacé.

contre la porte de l'ascenseur – BANG! BANG! ça résonne comme un pilon des ténèbres.

– Arrête mon chéri, tu fais trop de bruit, dit le père en me voyant et en esquissant un sourire de voisin.

C'est dit mollement et n'entraîne aucun changement de comportement chez Mathieu, d'ailleurs ce n'était pas le but.

– C'est bien, Carrefour? je demande. C'est responsable?

Mon ironie froide est du chinois pour lui. Il prend la question au premier degré, comme si je tenais vraiment à me documenter sur les engagements de son distributeur.

Il fait une moue, genre Salomon. Comprenez : il y a du bon et du mauvais à Carrefour, ce n'est pas la panacée, n'est-ce pas, faut voir.

Puis il lève son index :

– Vigilance! Il y a bio et bio. Tous ces produits qui se disent bio sont parfois emballés dans des plastiques contenant du bisphénol A.

J'en suis comme secoué. L'esprit du gourou s'est matérialisé devant moi[1].

_____

1. « Il est revenu plus puissant que jamais », ajouterait J.K. Rowling.
Si je cite ici celle dont on ne doit pas prononcer le nom lorsque l'on est un écrivain fréquentant *Le Rostand*,

Il est coiffé proprement, il porte un blazer Ralph Lauren et des lunettes rondes en métal, mais c'est la même intransigeance sectaire, la même certitude dans les yeux.

Mal à l'aise, je me replie vers l'escalier, l'ascenseur étant de toute façon soumis au pilonnage de Mathieu.

---

c'est parce qu'elle fait partie des « Plumes vertes » (avec ses collègues à succès Günter Grass, Paulo Coelho, Helen Fielding...), un label créé par Greenpeace pour ceux qui s'engagent à publier leurs livres sur du papier certifié FSC ou recyclé. Car « les écrivains ont eux aussi une mission à remplir pour la préservation des forêts anciennes » (brochure Greenpeace, 2005).

7.

L'amitié se nourrit de respect. Je respecte tes
goûts, tes points de vue – tu respectes les miens.
Cette neutralité active est un travail de tous les ins-
tants. Et quel travail ! Sisyphe !
   La preuve, je ne dis rien de la photo que tu as
accrochée dans le living, je le garde pour moi – je te
respecte. Je m'agace en silence. Je sais qu'elle ne te
correspond pas, je pourrais ajouter que tu l'as mise
en évidence car tu souffres d'un complexe d'infério-
rité par rapport à des copains plus « artistes », c'est
pourquoi tu as choisi ce cadre lourd, en laque noire
et baguette dorée, un cadre cher pour mettre en
valeur une image chère, c'est déplacé, presque kitsch.
Aurais-tu cherché à copier un certain Georges, qui a
fait les Beaux-arts, et qui nous impressionne par son
bagout, son aptitude à assumer les pires paradoxes,

nous qui n'avons pas son aisance dans l'étalage ? Je pourrais te le demander... mais je me tais – je te respecte. L'art n'est pas censé,

Non, on s'éloigne.

Quand j'ai vu ce nu pour la première fois,

Euh.

Franchement, c'est le cadre qui m'a chagriné le plus. Tout Levallois-Perret est soudain devenu plus pesant. Un mausolée noir, à bordure dorée, qui plombe ton appartement. Pourtant j'aime les nus.

Tu m'as dit le nom du photographe. Une intonation arriviste dans ta voix, un scintillement, genre c'est le dernier Léonard,

Un Francis, un Roy, un Andy,

Un Allemand, Thomas Ruff, de l'école de Düsseldorf.

– Ah bon, ai-je fait. Je crois que le nom me dit quelque chose.

C'est vrai, je connais Düsseldorf.

Je ne t'ai pas demandé si tu l'avais trouvé en galerie ou à Drouot. Je n'ai pas cherché à en savoir davantage. Car je n'aurais pas voulu te faire comprendre à quel point je vois ton nez au milieu du visage.

Élisabeth, elle, ne s'est pas retenue :

– Elle est numérotée, au crayon, en bas à droite. 47 sur 50.

Un gros tirage, Düsseldorf ou pas. Pour une bonne poire. Une garce, Élisabeth, à ses heures.

Moi – rien. Je te respecte.

L'amitié, disait Montaigne dans son essai *De l'amitié*, l'amitié, disait le grand Montaigne,

Non, pas comme ça. Personne ne lit Montaigne. Les libraires, et encore. Quelques frimeurs. Des khâgneux. L'ai-je lu, moi? Vous appelez ça lire? Montaigne n'a toujours pas été traduit[1]. Il reste pénible, voire inaccessible, comme certains som-

---

1. Seul un agrégé pourra peut-être m'expliquer *précisément* ce que veut dire ceci : « L'amitié est jouie à mesure qu'elle est désirée, ne s'élève, se nourrit, ni ne prend accroissance qu'en la jouissance comme étant spirituelle, et l'âme s'affinant par l'usage. » Lagarde & Michard, priez pour moi. [Je découvre l'adaptation en français moderne faite par André Lanly, sortie enfin chez Gallimard en 2009 après un début modeste aux éditions Champion. Les notes en bas de page, à elles seules, sont une merveille d'érudition intelligente.]

Dans l'essai suivant, en revanche, *De la modération*, je comprends parfaitement : « L'immodération vers le bien, même si elle ne m'offense, m'étonne et me met en peine de la baptiser. » Les mots lui manquent, au grand Montaigne. C'est qu'il n'y avait pas de développement durable à son époque. Personne n'avait encore ce culte du geste symbolique pour la planète, cette immodération vers le bien pratiquée à dose homéopathique et imposée à toute la population.

mets de la chaîne de Belledonne où l'on était en vacances, un été, Élisabeth, Claire, toi et moi. On aimait la randonnée, l'effort gratuit, les chemins caillouteux et la pression du soleil sur notre peau bien urbaine.

Pour diverses raisons esthétiques, on laissait passer les filles devant, et on les suivait avec nos sacs de dix kilos [1]. On grimpait, les ampoules illuminaient nos orteils, les mollets se prenaient pour des cuisses, les cuisses pour les poumons, les épaules suintaient, on communiait avec la nature dans la transpiration et la douleur, c'était bon. Nulle trace de psychose écolo, à l'époque. Si tu te rappelles, on parlait plutôt de nos projets de rentrée, on prenait de bonnes résolutions : lire *Tristram Shandy*, repeindre la cuisine, être gentil avec ce qu'il nous restait comme parents.

Souvent, on ne parlait pas.

---

1. Le comble du snob est d'emporter en montagne un *Univers des formes* dans l'ancienne édition, grand format, dans sa jaquette blanche et noire. Le matin de notre balade, en passant par un vide-greniers, tu étais tombé sur le volume des Celtes, 2 140 grammes, on l'a pesé au retour. Constatant ton triomphe tandis que tu accrochais avec une lanière le gros livre au sac à dos déjà bien rempli par le pique-nique, je décidai de me charger d'un saint-joseph, d'un demi-kilo de beaufort et de quatre verres à pied dénichés aussitôt dans la même brocante.

L'amitié n'a pas besoin de papoter. On savait nous trouver dans la même pièce sans qu'il y ait de meubles dans notre silence. On pouvait rester des heures sans échanger un mot, occupés par nos propres voyages intérieurs, conscients néanmoins de la présence de l'autre et retirant de cette présence une chaleur, une connivence. L'amitié a alors les vertus d'un feu de cheminée.

Quand on parlait quand même, il nous arrivait parfois d'aborder les grandes friponneries intellectuelles. Nous n'étions pas d'accord sur tout, loin de là. Je me souviens d'une discussion de plusieurs jours sur l'homéopathie, ta famille témoignant de plusieurs rémissions surnaturelles.

Une autre fois, je t'ai heurté en citant Frederick Crews : « La psychanalyse produit bien plus de convertis à la psychanalyse que de cas de guérison. » On en a parlé, parlé…

Une autre fois, Chomsky.

Et encore une, avec (on s'en fout).

Il n'y avait jamais de sourires entendus.

Parce que c'était toi, parce que c'était moi. Parce qu'il y avait de l'estime entre nous. On s'y baignait, dans cette estime, on s'en régalait, on s'admirait soi-même à travers l'estime que l'on avait pour les intransigeances de l'autre.

8.

Vincent (au téléphone) : T'as vu, on parle de toi dans le *New Yorker* de cette semaine.

Moi : Nooon?...

Vincent : Si, dans l'article sur la rumeur. Ces on-dit qui circulent sur internet. Ça fédère, ça rassemble... Comme ces types qui prétendent qu'Obama n'est pas né aux États-Unis, et donc, n'étant pas un *natural born citizen*, n'a pas le droit d'être président.

Moi : Oui, je vois.

Vincent : La rumeur est telle que des agences officielles ont mis en ligne l'extrait de naissance original d'Obama, certifié conforme par un organisme indépendant. On y lit : Barack Hussein Obama, né à Hawaii, patati patata. Eh bien, si tu crois que l'évidence a suffi pour faire taire la rumeur, tu te trompes.

Moi : Admettons.

Vincent : On prétend maintenant que l'extrait de naissance est un faux. Si l'on grossit vingt fois l'image, on peut voir, paraît-il, une aura autour de chaque lettre, c'est louche. Et la feuille n'a pas été pliée, alors que les extraits de naissance sont envoyés par la poste. Si ce n'est pas une preuve!... Sur les forums, les types se montent la tête. C'est ce que l'on appelle la polarisation[1].

Moi : Laisse-moi deviner...

Vincent : Quand je dis que l'on parle de toi, c'est plus loin dans l'article, et par association d'idées. Je cite : pour un nombre croissant d'Américains, le réchauffement climatique est une blague, une supercherie. *A hoax*, comme ils disent. Malgré la position extrêmement claire de la National Academy of Sciences.

Moi : Je comprends tout à fait maintenant.

Vincent : C'est tout toi. Le climato-sceptique. Le type politiquement pas correct qui ose s'élever contre le consensus. Vââchement courageux. Jââ-

---

1. Merci pour l'info, Vincent, mais soyons précis : le terme exact est *polarisation de groupe*, notion développée à l'Université du Michigan dans les années 1970. Des expériences ont démontré que l'on devient plus extrême dans ses opinions quand on discute avec ceux qui ont les mêmes opinions. Une féministe qui rejoint un groupe de féministes, loin de se calmer, deviendra plus féministe encore.

mais vu. La communauté scientifique est unanime, et ça ne le gêne pas. Au contraire ! Un discours alarmiste, repris par tous les médias, c'est forcément suspect. Peut-être crois-tu toi aussi à un complot universel ? Hein ?... Tu cherches à qui profite le crime. Tes têtes de Turcs, Arthus-Bertrand, Al Gore, Hulot, sont là pour s'en mettre plein les poches aux dépens des simplets. C'est ce que tu crois, pas vrai ? Le voilà, ton combat, regarde-le bien en face. Et dis-moi s'il ne te paraît pas étriqué, envieux, parasite. Tu es aussi polarisé que ceux qui nient l'avion du 9/11 sur le Pentagone.

Moi : ...

Vincent : Allô ?... allô ?

Moi :...

Vincent : Allô ?... Tu es toujours là ?

Moi (sec comme la frigidité) : Ta construction intellectuelle est malhonnête. Un, tu me fais un procès d'intention. Je n'ai jamais nié le réchauffement climatique, ni dans *Libé* ni ailleurs[1]. Je n'en ai ni l'envie ni les moyens — je ne travaille dans aucun organisme scientifique mesurant ce phéno-

---

1. Abjuration publique. En disant cela j'ai les accents de Galilée au procès de 1633, car je confesse, dans l'intimité de cette note de bas de page, avoir eu des pensées, des pensées... Vincent, tel Urbain VIII, n'était pas dupe de mon discours. Il lisait mon âme.

mène[1]. J'observe qu'il y a une psychose du RC, y compris chez les scientifiques – nuance. Deux, tu te méprends sur le sens de ma révolte. Ou plutôt, tu fais semblant de te méprendre, car tu as trop de finesse pour ne pas entendre mon discours. Je répète que la fin, surtout si on nous la promet douloureuse, ne justifie ni l'infantilisation forcée de la populace ni la mise au placard de la culture et de la civilisation. Car c'est justement la culture et la civilisation qui viendront sauver nos misérables gueules de rats, comme elles sont venues sauver Noé[2]. Trois, je

---

1. J'essaie d'être *indifférent* au RC comme je le suis aux résultats du championnat de la Ligue 1, au coup d'État au Honduras, à la grippe, au champagne, à la mort de Michael Jackson et à sa résurrection. Du temps de l'URSS, les indifférents à l'avenir radieux étaient appelés *prisposoblentzy* – terme évidemment péjoratif que l'on pourrait traduire par « les accommodés », ceux qui s'adaptent à l'ordre nouveau sans avoir la foi. Disons, par analogie, que je suis un accommodé du RC, ce qui suffira amplement pour me faire brûler comme hérétique dès qu'une fraction radicale et armée du Giec prendra le pouvoir.

2. Remarquons au passage que Noé s'est sauvé en utilisant les sciences de l'ingénieur, et non en se lamentant, se flagellant, s'enfermant dans une caverne, ni en faisant au quotidien un petit geste pour la planète. Par la même occasion, en véritable citoyen moderne soucieux de son environnement, il a sorti de la mouise l'ensemble de la biodiversité de son écosystème. Le tout vers 5500 av. J.-C., si

n'aime pas ta manière d'accrocher une photo dans un cadre qui ressemble à un mausolée. Je pense que tu as perdu une certaine forme de légèreté. Tu es grave comme un prix littéraire.

---

l'on se fie à Gilgamesh et aux découvertes de Walter Pitman sur l'expansion soudaine de la mer Noire.

9.

Ce genre de conversation et sa chute brutale caractérisent nos relations en cet été de fraîcheur. On se voit quand même à quatre, en alternance, tantôt chez nous, tantôt à Levallois. Je remarque au passage que Ruff de Düsseldorf a mystérieusement disparu des murs, ce qui me fait croire que Vincent n'est pas aussi figé sur ses positions qu'on aurait pu le craindre. Mon avis aurait encore un certain poids. Peut-être remet-il la photo et son cadre sitôt que nous sommes partis, mais il fait l'effort de l'enlever, c'est toujours ça de pris.

Néanmoins ces dîners où l'on mange froid, le sourire transparent et la bonne humeur soutenue à grands verres de chablis, restent pénibles. Ce n'est pas que l'on ne parle pas, au contraire, on parle trop. On aborde vingt mille choses qui font notre quotidien en évitant LE sujet qui fâche. Nos conversations ressemblent au jeu du ni oui ni non. Je fais semblant de m'intéresser à sa nouvelle série d'illustrations qui se veulent plus ambitieuses et qu'il exposera (peut-être) dans une galerie d'art. Lui me pose des questions qui ne trouent pas l'Ardèche sur mon prochain roman à paraître en septembre. Aucun de nous ne parvient à faire illusion, et l'on se surprend mutuellement à regarder l'heure.

Élisabeth et Claire tricotent leur causerie, tout en surveillant notre manège, comme on surveille ses gosses dans un bac à sable. Nos femmes, allergiques au changement, voudraient que tout redevienne comme avant. On dirait qu'elles tiennent à nos bonnes relations plus que nous. Le train-train leur convient assez. Je me demande ce qu'elles en retirent. Si l'on aborde les choses par le côté matérialiste, à part quelques recettes de cuisine chez Vincent, des adresses de shopping chez Claire... un week-end à la campagne où l'on loue une maison à quatre que l'on ne pourrait s'offrir tout seuls... Le parrain de Vincent est médecin à Cochin : quand on a besoin d'un dermato, d'un ophtalmo, on a les meilleurs et sans faire la queue... Parfois on récupère des places gratuites à l'Opéra de Paris par l'ex de Claire, resté très proche... C'est à peu près tout

– voyez les comptes d'apothicaire où se défait notre amitié.

– Toi, c'est à cause de ton intolérance qu'on en est là, alors tu fais un effort, commande Élisabeth avant de sonner à leur porte, et je comprends à son expression qu'il ne faudra attendre aucune pitié de sa part si je sors du terrain balisé de la conversation stérile.

Vincent a dû recevoir la même consigne appuyée de la part de Claire, car il lui arrive de commencer une phrase puis de s'arrêter brusquement comme frappé par la foudre. Il regarde Claire furtivement, l'air fautif. Ce qui donne :

– Tu veux poursuivre ta collaboration avec *Libération*, je veux dire, après ton, euh… [STOP] Irez-vous en Bourgogne cette année ?

Ou bien :

– L'agence vient de réaliser une brochure pour Veolia [1], euh… [STOP] Nous avons vu *No Country for Old Men* : pas mal, pas mal du tout.

De mon côté, je fais l'effort surhumain de détourner mon regard des ampoules fluocompactes qu'ils ont vissées partout, notamment dans une paire de lanternes de fiacre, de la fin XIXème, en lai-

----

1. Destiné au salon « Planète durable » – j'apercevrai un croquis sur sa table de travail. Vincent travaille en free-lance pour des agences de relations presse.

ton et cuivre, fixées dans un coin du salon. Terrifiante promiscuité de la laideur et de la noblesse[1].

----

1. Avec sa silhouette de tube digestif, sa base bunker en plastique bas de gamme, sa lumière pisseuse flamboyante, comme chargée d'antibiotiques, l'ampoule fluocompacte est l'objet du quotidien le plus anti-esthétique que je connaisse, symbolisant tout le mal que l'humanité est capable de s'infliger à elle-même avec de bonnes intentions.

Que Dieu vous préserve d'en casser une ! Il faut savoir que ces ampoules-là contiennent du mercure (que l'on a interdit depuis une dizaine d'années dans les thermomètres – cherchez l'erreur). Le très vigilant INSPQ [Institut national de santé publique du Québec] donne la procédure d'urgence :

« 1. Quitter et aérer la pièce pendant 15 minutes. La première chose à faire est d'ouvrir une fenêtre et de quitter la pièce assez longtemps pour que la concentration de mercure dans l'air diminue.

2. Ramasser les débris, sans aspirateur ni balai. Un aspirateur ou un balai risquerait de répandre le mercure dans l'air. Pour nettoyer, il faut ramasser les gros morceaux à la main – idéalement avec des gants – et les placer dans un contenant hermétique. Ensuite, avec du ruban gommé, on récupère les petits morceaux et la poudre. On nettoie avec un essuie-tout humide et l'on jette tout ce qui a servi au nettoyage dans le contenant de débris.

3. Par la suite, on peut passer l'aspirateur quelques fois, fenêtres ouvertes.

4. Placer le contenant de débris à l'extérieur.

5. Aérer la pièce plusieurs heures après le nettoyage. »

À côté d'une ampoule fluocompacte qui se brise, l'accident de Three Mile Island est une promenade.

Au détour d'un chassé-croisé aux toilettes, je chuchote à Élisabeth :

– Ça ne peut pas durer ainsi. L'ambiance est insupportable. Il valait mieux rester à la maison.

– Tu n'as qu'à faire un pas dans sa direction.

Je veux bien mais je ne vois pas lequel.

Élisabeth :

– Prends sur toi. Fais un effort. Un peu de sagesse n'a jamais tué personne.

Puis, m'ayant jaugé :

– Tu n'as qu'à lui dire que tu es d'accord sur quelque chose.

Tunaka, tunaka, facile à dire, tunaka, faut croire qu'ilnaka, lui, n'est pas au programme, ilnaka peut se la couler douce ! Il y a décidément deux poids deux mesures ! (Vincent, resté dans la salle à manger avec Claire, subit une pression diplomatique comparable.) Je couine en silence et je cherche une échappatoire. Il y a sûrement des aspects qui m'irritent moins, peut-être même des aspects positifs. Sûrement.

Quels sont-ils ?

Il y a par exemple,

Ou bien,

Mais encore,

La dépendance au pétrole, point faible de l'Occident, pourrait être diminuée si l'on investissait massivement dans les énergies alternatives.

Dite ainsi, la perspective est assez constipante[1]. L'équation de l'avenir serait une question de tectonique politique.

Toujours est-il que je reviens à table armé d'un sujet fédérateur. Un observateur extérieur aurait été fasciné par le tact avec lequel nous nous sommes remis à parler de ce qui nous tenait tellement à cœur, l'empressement avec lequel on acquiesçait aux timides propositions de l'adversaire, jamais un ton plus haut que l'autre, sous le regard vigilant de nos femmes – notre dissuasion nucléaire.

Nous tombions d'accord sur tout. Nos idées rentraient chez l'autre comme dans du beurre. On

---

1. Tout en étant bancale par omission : on ne parle ici que d'énergie, alors que le pétrole sert aussi à produire des matières plastiques, des engrais, du solvant, des adhésifs, des médicaments, du nylon et le polluant pour cheveux Pétrole Hahn.

Les énergies de substitution posent d'ailleurs d'autres problèmes géopolitiques dont on commence seulement à mesurer les enjeux. Ainsi on s'aperçoit que le lithium, ingrédient clé pour fabriquer les batteries des voitures électriques et stocker l'électricité produite par l'éolien et le solaire que l'on aura planté dans nos jardins, est lui-même disponible en quantité limitée. On estime qu'un tiers des réserves de ce métal se trouve dans le salar d'Uyuni en Bolivie, « futur Moyen-Orient du lithium » (dixit *Le Figaro* du 8 septembre 2009), où règne actuellement Evo Morales, ex-planteur de coca et antioccidental populiste à la sauce Chávez.

ne cherchait plus à briller intellectuellement. On avait rangé les grands chevaux au placard. On se contentait de nager dans la vaste zone grise du consensus, tout étonnés de constater que l'on pouvait partager le même bocal sans s'entre-dévorer.

– Là où je te rejoins, disait Vincent, c'est sur l'opportunisme des hommes politiques. Sarkozy. Obama. Le prince Charles. Regarde comme ils se bousculent pour endosser les habits verts de sauveur de la planète alors qu'il y a quelques mois ils ne se doutaient même pas que le CO_2 se mesurait en tonnes. Idem pour les grandes entreprises polluantes qui se découvrent soudain une conscience écolo[1].

---

1. Pointe ici une méfiance vis-à-vis de l'entreprise, qui n'est pas sans rappeler la tradition marxiste. Notons cependant que les bons vieux maoïstes, fidèles de la Gauche prolétarienne, sont viscéralement opposés à l'écolo-psychose. Pour eux, le développement durable est un capitalisme durable déguisé. Je résume leurs arguments, passionnants quant aux rouages de certains raisonnements humains, collectés sur un blog « prolétarien et progressiste » :

1. Le développement durable est massivement soutenu par les médias, qui sont, comme chacun le sait, à la botte de l'impérialisme.

2. Sous couvert de lutte contre la pollution, le DD vise à détruire l'industrie, premier pourvoyeur de prolétaires au sens noble (marxiste) du terme.

3. Le DD veut laisser les pays pauvres à leur sous-développement pour pouvoir mieux les exploiter. N'est-il

– Là où c'est moi qui te rejoins, disais-je, c'est que j'ai l'impression que l'on n'a jamais autant parlé des rapports Nord-Sud, notamment en termes de projets de codéveloppement[1].

---

pas surprenant que la mode de l'écologie soit apparue une fois que le capitalisme a maîtrisé l'énergie nucléaire, et pas avant ? À l'abri du nucléaire, le capitalisme a maintenant tout loisir de spéculer sur la hausse du prix du pétrole, appauvrissant davantage les pays sous-développés.

4. La dialectique matérialiste proclamant : « Suis l'argent à la trace », on voit bien que le DD capte de plus en plus de capitaux donc d'intérêts capitalistes : tout cela n'est pas innocent.

5. Les capitalistes ont eu peur, très peur, de la révolution culturelle chinoise. C'est pour pouvoir faire diversion qu'ils ont mis l'écologie sur les rails, et aussi pour attaquer sournoisement la Chine en plein effort d'industrialisation (voir point 2). Rappelons que la première grande conférence sur l'environnement remonte à 1972, à Stockholm, après la visite de Nixon en Chine. Ce n'est pas un hasard.

De l'autre côté de l'échiquier, dans le coin sombre de Dark Vador, il y a la déclaration de Le Pen sur i-Télé (décembre 2009) : « Je ne crois pas beaucoup à cette légende du réchauffement de la planète. » Vincent ne s'est pas privé de me le faire savoir. Au cours de nos interminables discussions, il y reviendra à plusieurs reprises, comme un parachutiste à sa sangle, pour se rassurer sans doute.

1. Je suis tenté de poursuivre par une note de bas de page nuançant le propos. Je n'en fais rien car je n'ai pas envie de gâcher le sentiment de compréhension entre Vincent et moi, sentiment qui, vous vous en doutez, ne va

C'était touchant. On aurait mérité à cet instant le prix Nobel de la paix. Nous avancions doucement, le pied branlant comme sur un pont de lianes au-dessus du vide, estimant la solidité de chaque branche avant d'y poser l'orteil craintif, sous le contrôle vigilant de nos crocodiles, Élisabeth et Claire.

---

durer qu'un temps ce qui le rend d'autant plus précieux. Par ailleurs, il ne faut pas abuser des notes de bas de page.

10.

Sitôt rangés les bises, les au revoir et les mer-
cis (« merci, mais de quoi ? c'est à nous de vous
remercier », etc.), on descend les escaliers en simili-
marbre, typique des immeubles « de standing » bon
marché construits au début des années 1990, et je
dis à Élisabeth :

— Prétendre que le développement durable est
principalement destiné aux pays pauvres est soit du
cynisme angélique, soit une bêtise calfeutrée.

C'est brut, ça coule sans autocensure et ça me
soulage.

Car il y a une indécence à se servir des pays
pauvres comme justification à la psychose. Une
impudence, quand on habite Levallois-Perret
dans un appartement avec balcon au-dessus d'une
charmante plantation de bambous, que l'on pos-

sède une armoire à vin de cent quatre-vingts bouteilles, dont une vingtaine de grands crus, que l'on
hésite pour l'été prochain entre louer un gîte de six
places en Bourgogne et une chambre d'hôte à Aix-
en-Provence – cette dernière option ayant les faveurs
de Claire car « on pourra du même coup attraper
le festival » où un zozo monte *Idoménée* (« incontournable », avait dit Claire – incontournable mais à
180 euros la place tout de même), une impudence,
pour le moins, à parler au nom des bidonvilles et
des intouchables, en clamant que ce dont ils ont le
plus besoin, au fond de leur dénuement, c'est que
l'on diminue notre empreinte carbone.

Le prurit est une affaire de riches. Ceux dont
les besoins élémentaires ne sont pas satisfaits ont
d'autres priorités, n'en déplaise à Vincent. Ils sont
dans l'entreprenariat de la survie. Quand ce n'est
pas la nourriture qui manque, c'est le travail décent.
Ou la sécurité élémentaire : ne pas se faire tuer.
Trouver un toit. Une éducation pour les enfants,
c'est déjà un luxe. Quand on ne sait pas ce que l'on
va manger dans un mois, la planète, on s'en tape
comme de l'an quarante, et l'on a raison[1].

-----

1. Même en France, la pratique au quotidien de l'écolo-
conscience passe par des sacrifices financiers. Dans nos
hypers, les produits écolo-bio sont significativement plus
chers que les produits ordinaires et ne sont jamais dans

Et même quand la pyramide de Maslow est vaincue, que l'on est assis à son sommet les doigts en éventail et que l'on s'occupe à gérer ses loisirs en se curant les dents, il faut la certitude que l'on ne dégringolera pas, il faut avoir confiance dans les qualités antidérapantes de son derrière, baigner dans un sentiment de sécurité de long terme lié aux conditions sociopolitiques du pays où l'on vit. C'est pourquoi la middle-class fraîchement éclose des Russes, des Chinois, des Hindous, tous ces millions qui commencent à vivre décemment et dont rêvent les grandes marques occidentales, ne sont pas des clients potentiels pour la psychose. Le

---

les paniers « premiers prix ». « Le panier de produits bio à marques de distributeurs (MDD) est 22 % plus cher que le panier de marques nationales conventionnelles. Pire, il est 57 % plus cher que le panier de MDD non bio. » (*UFC-Que Choisir*, janvier 2010.)

Signe extérieur de richesse, signe extérieur de branchitude. Je n'arrive toujours pas à comprendre comment une pose, dont la composante clé est une crispation morale, rabat-joie et catastrophiste, est parvenue dans certains milieux à devenir aussi tendance. Les stars montrent l'exemple. Cameron Diaz roule en hybride et le fait savoir. Orlando Bloom s'est construit près de Londres une magnifique maison écolo à la pointe de la technologie. Leonardo DiCaprio, George Clooney, Marion Cotillard... Le bonobo relaie toutes les modes (y compris anticonsuméristes) à partir du moment où on lui dit à quelle sauce les afficher et avec qui.

poids des ancêtres : trop de générations passées, pendant trop longtemps, n'ont pas mangé à leur faim. De la frustration s'est accumulée, des envies. Pourquoi n'auraient-ils pas droit eux aussi à leur big bang consumériste ? Au nom de notre pollution industrielle[1], on leur interdirait de péter à leur tour ?

Ah mais on n'a pas le choix, nous dit-on. C'est comme ça ou c'est mort. Ils sont trop nombreux, les pauvres. Ils se reproduisent vite. Plus ils sont pauvres, plus ils copulent, les fous. En 2008, les cinq pays où le taux de natalité est le plus élevé sont, par ordre décroissant : le Niger, le Mali, l'Ouganda, l'Afghanistan, la Sierra Leone. Avec 29‰, le Bangladesh a un taux de natalité près de trois fois supérieur à celui de la France. La surpopulation menace. L'humain pullule. Le vénérable commandant Cousteau lui-même l'a dit à l'époque : « Je voudrais que l'on réduise le nombre d'humains à 600 ou 700 millions d'un coup de

---

1. Je me demande, en y réfléchissant, si la plus grande atteinte à la biodiversité en Europe n'a pas eu lieu à la fin du Moyen Âge, au moment de l'extension sans précédent des terres arables au détriment de la forêt (sans oublier la collecte de bois de chauffage), et non à l'époque industrielle comme on aurait tendance à le croire. Je n'ai pas les moyens de vérifier mon hypothèse.

baguette magique[1]. » Boum! La bombe P – titre du livre de Paul Ehrlich – est une menace pire que la bombe A. Il faut nourrir ces bouches affamées, il faut déboiser pour planter du riz, du blé, il faut augmenter le rendement par hectare, donc arroser de pesticides, d'engrais chimiques. C'est la fuite en avant. Comment voulez-vous qu'on s'en sorte? Heureusement les pauvres ne mangent pas beaucoup de viande, quand on sait qu'il n'y a rien de plus polluant.

Pas beaucoup, c'est trop quand même. Voyez le CO_2 qu'ils rejettent[2]! Certes, il est moins élevé que

---

1. Impossible de ne pas citer ici d'autres intégristes du malthusianisme vert.

R.F. Nash : « Dans certaines situations, il est plus grave de tuer une plante sauvage que de tuer un homme. » (Dans *The Rights of Nature*, 1989.) Wiliam Aiken : « Une mortalité humaine massive serait une bonne chose. » Un homme sympa, écologiquement responsable, est un homme mort. Le suicide, ce petit geste pour la planète! On imagine les programmes ambitieux que pourraient conduire ces rêveurs si on leur donnait l'occasion d'exprimer leurs talents.

2. La question des flatulences, enfin! Un pet est constitué de CO_2, de méthane (25 fois plus méchant que le CO_2 pour l'effet de serre) et de gaz odorants sulfurés, le tout en proportion variable, jamais tout à fait prévisible – c'est ce qui fait le charme de la question et sa musicalité. (Écoutons à ce sujet le légendaire Pink Floyd, et son *Music from the Body*, 1979.) Les pets et les rots de bétail

celui d'un Français, mais, le nombre aidant, on en arrive à des quantités vertigineuses. Et si l'idée leur venait d'avoir des mobylettes ? des mobile homes ? des chauffages électriques d'appoint (ou pire, la climatisation) ?... Mon Dieu ! Jamais nous ne nous en sortirons.

Si tous ces pauvres se mettaient à consommer autant qu'un écolo parisien !... qu'un Arthus-

---

constituent une source préoccupante de gaz à effet de serre, tant et si bien que Paul McCartney, toujours à la pointe du sympa pédagogique, tendance camp de rééducation, a lancé le *Meat Free Monday*, afin de réduire notre consommation de viande. Attention, tous les légumes ne sont pas nos amis pour autant : les lentilles, les pois, les flageolets, le soja augmentent les flatulences, comme le dit la sagesse de grand-mère. S'y ajoutent la pomme de terre, le maïs, le blé, etc., sournois gisements de mauvais gaz.

Cette agitation intestinale est curieusement mise en perspective par une exposition sur les termites au Science Museum de Londres. Les termites, grands consommateurs de bois et de végétaux enrichis en fibres, ont un excellent transit. Leurs pets « produisent plus de méthane que tous nos voitures, avions et usines réunis ». En clair, la nature s'auto-pollue elle-même, à un degré inimaginable. Le chameau arrive en numéro deux sur la liste des animaux les plus péteurs, suivi du zèbre (voir le site web, très documenté, du Science Museum).

À retenir : un, la respiration du cul est une source de gaz à effet de serre, deux, elle est souvent d'origine non anthropique.

Bertrand?... Catastrophe! Alors vite, vite! Foutons-leur la trouille. Exportons le prurit comme on a exporté nos machines-outils, nos surplus de l'armée, nos Citroën Méhari. Eux, qui aiment à récupérer nos grigris, nos tee-shirts Coca-Cola, nos Nike pourries, notre daube moins moins, puis, s'ils sont friqués, nos Chanel, nos Vuitton, nos Gucci, notre daube plus plus, eux, ces réservoirs de consommateurs dont dépendent nos emplois, se laisseront bien convaincre par la nouvelle mode[1].

Ce ne devrait pas être trop dur, car que leur explique-t-on?... Que tous les petits et grands malheurs de leur environnement sont la faute de l'Occident. La fonte des neiges du Kilimandjaro, la désertification du Sahel, ces typhons et cyclones qui les frappent, la raréfaction des poissons, des ours, des pingouins et des batraciens, la ménopause de la planète, l'avenir sombre qui nous guette, tout cela est la faute de l'Occident.

Comme le résume Hulot, dans une de ses géniales envolées aux accents christiques, il y a « l'humanité qui se gave et l'humanité qui souffre ». Comprenez, cet Occident obèse a ouvert la boîte

---

1. Un groupe de luxe comme PPR est tout à fait capable de concilier prurit écolo et consommation de ses produits. Les voies du *greenwashing* sont pénétrables : aujourd'hui, c'est le degré zéro de la créativité marketing.

de Pandore de l'industrialisation[1]. Si l'eau des Maldives monte, c'est la conséquence du progrès dont l'Occident s'est goinfré pendant deux siècles[2].

---

1. Pour être précis, Occident = États-Unis dans l'imaginaire de l'éco-responsabilité. Dans *365 gestes pour sauver la planète* (*op. cit.*), en évidence, comme une vérité révélée, cette règle de trois à apprendre par cœur : « Un Américain brûle 7,5 tonnes équivalent pétrole par an, un Européen en consomme 3, et un habitant d'un pays en développement 0,5. » Plus loin : « Un Américain utilise plus de 400 litres d'eau par jour, un Européen environ 200 litres. »

L'eau des Américains fait pas mal de jaloux, c'est une idée fixe. Regardez comme ces gras du bide gaspillent ! Dans *Home,* on les voit à Las Vegas asperger un golf. En plein cagnard ! En plein Nevada ! Si ce n'est pas scandaleux ! Qu'ils aient de l'eau en Amérique alors qu'il n'y en a pas dans le Sahel est d'une injustice criante !... Le robinet du voisin, notez cette loi universelle, est toujours trop ouvert.

Mon voisin, justement, le généraliste. Son appartement est de plain-pied, il a un jardinet, un timbre-poste qu'il arrose consciencieusement les soirs d'été. Il y fait pousser un figuier et des topinambours (le velouté de topinambours, il n'y a pas plus tendance, en ce moment, à Paris, comme on peut le vérifier grâce au guide de la cuisine branchée *Fooding*). Ce même monsieur accroche sur le panneau commun de l'immeuble une brochure pour vanter les mérites du « robinet-gâchette, un procédé révolutionnaire pour couper la douche quand vous vous savonnez et économiser l'eau, cette ressource si précieuse ».

2. Personne ne semble mettre au crédit de l'Occident les aspects positifs du progrès. Doit-on rappeler que grâce à

Non seulement on a pollué pendant des décennies sans nous en rendre compte, mais ce n'est pas fini. Regardez autour de vous ! Le péquenaud qui conduit son pick-up au fond de l'Arkansas contribue, comme des millions de ses concitoyens, à la

---

lui des milliards d'êtres humains vivent dans des conditions de bien-être alimentaire et d'hygiène inégalées non seulement dans l'histoire de l'humanité mais aussi, je soupçonne, dans l'ensemble du règne animal (si l'on exclut les bactéries élevées sur du saccharose).

À tout mettre dans la balance, je préfère avoir le progrès et ne plus avoir les Maldives. D'ailleurs, les habitants de Malé auraient dû boire la tasse depuis longtemps : on peut consulter dans les archives de l'INA des extraits de journaux télévisés, dont un reportage d'Antenne 2 de juin 1989, sur la disparition prochaine et inéluctable des Maldives « avant la fin du siècle ». Après une série de prédictions plus pessimistes les unes que les autres, où, à côté des Maldives, on a pris soin de ranger le Bangladesh, les Seychelles, les Pays-Bas et Venise, Henri Sannier conclut par un viril « Gardons-nous bien sûr de dramatiser, mais soyons très vigilants ».

1989, on y était hier. En juin 1989, avec Vincent, on écoutait du [documentation nécessaire], on découvrait les joies du salariat après des études trop longues, on mettait en veilleuse nos ambitions artistiques pour nous concentrer sur le plan épargne logement [vérifier si le PEL existait déjà en 1989]. On ne se voyait pas beaucoup car on passait du temps avec nos promises. Vincent changera la sienne [en quelle année ? lier avec une chanson, un film de l'époque] contre Claire, rencontrée au Salon du livre de Montreuil.

catastrophe annoncée des pays pauvres. Ouvrez les yeux! Ces camions qui livrent au supermarché du papier-toilette triple épaisseur pour torcher nos petits culs de nantis sont responsables de la débâcle écologique du monde. La nuisance est sournoise et invisible. Pareille à une malédiction vaudoue, notre existence de privilégiés se répercute en désastres climatiques chez les autres.

La « responsabilité historique », terme clé de Copenhague! Cette croix que nous avons endossée avec enthousiasme et que nous portons maintenant gravée sur notre front comme ces damnés de la révolution culturelle que l'on forçait à l'autocritique, cette « responsabilité historique » qui se balance autour de notre cou comme une cloche bovine! Au Sud, on compte sur elle pour produire des compensations financières, un flux sympathique reliant la tirelire du contribuable occidental à la caisse, floue et off-shore, des fonctionnaires locaux minés par la corruption. Nous, pour le prix, on s'achètera une bonne conscience, à défaut du pardon[1]. Le deal est clair, la démarche est simple,

1. Pour l'absolution, il ne faut pas rêver. Écoutons Nicola Bullard, prêtresse de *Focus on the Global South*, une ONG basée à Bangkok, et active dans le réseau *Climate Justice Now!* – le nom à lui seul est un programme : « Les grandes entreprises polluantes du Nord, qui ont une responsabilité historique, ne peuvent tout simplement continuer à

la construction est facile à faire avaler à l'opinion publique.

Dans ce contexte de qui perd gagne, l'échec de Copenhague a été vécu comme un psychodrame collectif : loin d'être bisounoursés par les pays du Sud pour notre agitation et bonne volonté, notre gentillesse, nos *smileys* en étendard, notre côté cool et sympa, on est rentrés chez nous avec la mauvaise conscience turgescente, sous le regard plombé des Maldives et des îles Tuvalu, les oreilles bourdonnantes de quolibets et de rires des hyènes – Soudan, Cuba, Venezuela[1], toujours aux premières loges

polluer comme elles l'entendent et acheter simplement des crédits carbone sur les marchés, plutôt que de réduire leurs propres émissions. » Apparemment Mme Bullard n'est pas au courant que les usines du Nord se sont depuis longtemps fait la belle vers la Chine, l'Inde, le Brésil.

1. Extrait du discours d'Hugo Chávez, prononcé au Sommet des Nations unies sur le changement climatique, à Copenhague, le 16 décembre 2009 :

« On pourrait dire, Monsieur le Président, qu'un spectre hante Copenhague, pour paraphraser Karl Marx, le grand Karl Marx. Un spectre hante les rues de Copenhague, et je crois qu'il hante cette salle en silence, il est là, parmi nous, il se glisse dans les couloirs, monte, descend. Ce spectre est un spectre qui épouvante tellement que presque personne n'ose même le nommer. Ce spectre, c'est le capitalisme! (Applaudissements.) Presque personne n'ose le nommer, mais il s'appelle capitalisme, et les peuples grondent dehors, quand il s'agit de lancer la danse du scalp sur nos contradictions.

La mauvaise conscience est comme une faim sexuelle permanente : elle ronge, elle occupe les pensées, elle fait faire des âneries. Terrible frustration! Au temps des sacrifices païens, on res-

---

entendez-les!... Je lisais certains des slogans que les jeunes scandaient dans les rues. J'en cite un : « Ne changez pas le climat, changez le système. » (Applaudissements.) Je le reprends à notre compte : ne changeons pas le climat, changeons de système, et c'est ainsi que nous pourrons commencer à sauver la planète. Le capitalisme, ce modèle de développement destructeur, est en train d'en finir avec la vie, il menace de détruire définitivement l'espèce humaine... Le capitalisme est le chemin de l'enfer, le chemin qui mènera à la destruction du monde. »

Si tu ne vas pas à Caracas, Caracas vient à toi. En feuilletant le journal municipal du XIVᵉ arrondissement, je trouve cette profession de foi, dans la bouche de la jeune et enthousiaste conseillère déléguée aux jardins : « On a tendance à réduire le développement durable aux questions environnementales. Certes, elles sont primordiales, mais ce qui sous-tend aussi la notion de développement durable, *c'est une véritable remise en question du fonctionnement de nos sociétés.* » C'est moi qui souligne, et qui ne doute pas un instant qu'elle est partie pour aller loin, la conseillère aux jardins.

La démangeaison écolo serait donc un moyen de recycler sinon le communisme, au moins une certaine forme d'utopie révolutionnaire.

90

sentait pareil vertige quand un dieu refusait notre offrande... Alors vite! vite! une autre offrande! un autre sommet! Réunissons-nous à Bonn, à Mexico, réunissons-nous tous les mois s'il le faut, montrons aux 12 000 habitants de Tuvalu que nous sommes au travail, agitons-nous, votons des résolutions pour nous réunir encore. Bougeons! C'est quand on reste immobile que l'on a peur de son ombre. Nous n'avons peur de rien, nous. Nous sommes des courageux, nous. Alors secouons les bras. Applaudissons. Le mouvement des poignets soulage la mauvaise conscience, comme il soulage la rage sexuelle.

11.

Mais il y a pénurie de pétrole, nous dit-on.
Admettons.
À l'inverse de la montée des eaux, c'est une
réalité immédiate. Les réserves des compagnies
tardent à se renouveler. Peut-être en trouverons-
nous encore, peut-être pas. Le baril est à moitié
vide et il coûte. Que faire?
Rien.
Je veux dire : rien de nouveau qu'on ne fasse
déjà, depuis des lustres. Éteindre la lumière quand
on sort, isoler les bâtiments, réduire les achats inu-
tiles. Tout le monde le fait, s'efforce de le faire. Pas
pour la planète, non, pour soi. L'énergie, l'eau sont
devenues tellement chères que personne n'a envie
d'en jeter par les fenêtres. Ajoutons que les budgets
des ménages sont riquiqui, qu'il faut rogner sur tout.

La surconsommation, cela fait belle lurette qu'elle n'existe plus dans mon immeuble de la rue Jean-Dolent. La moindre fuite de chasse d'eau est vécue comme un drame, et quand une minuterie d'escalier reste bloquée c'est tout juste si la copropriété n'appelle pas les pompiers.

L'électricité n'est pas un achat glamour. L'essence encore moins. La valeur esthétique de ces biens est nulle. On ne retire aucun plaisir à en posséder plus que son voisin. Personne n'en offre à sa fiancée. On n'en achète pas sur un coup de cœur. S'il fallait faire un classement des achats-répulsions, je pense que l'électricité et l'essence arriveraient en tête, avec les obsèques, le shampooing anti-poux et Windows. Je ne connais pas une seule personne qui ne voudrait s'en passer totalement.

Vincent, lui, est persuadé du contraire. Dans sa cosmogonie, le monde est peuplé de blaireaux en 4 × 4, laissant exprès la lumière partout dans leur maison par envie de paraître riches où parce qu'ils ont la flemme de chercher l'interrupteur.

Ce blaireau mythique me fait coucou à chaque fois que j'entends la phrase « Les gens, ils n'ont pas le sens des responsabilités[1]. » Il est le pendant actuel de la cinquième colonne, le traître du coup

---

1. À la poste, dans la queue pour envoyer un colis, voyant mon gros paquet de livres pour les États-Unis, une

de couteau dans le dos, l'éternel saboteur, la sorcière sodomite et le koulak[1].

L'ombre du blaireau plane sur tous ceux qui ne prennent pas l'écologie avec le respect qui lui est dû, l'esprit du blaireau suinte chez tous les indifférents, quant au blaireau lui-même, il est le Mal, celui que l'on combat au quotidien en faisant son geste saint pour la planète.

---

dame derrière moi : « Les gens, ils n'ont pas le sens des responsabilités. »

Sur une aire de repos d'autoroute où l'on traîne, Élisabeth et moi, un jeune couple découvre des détritus dans l'herbe : « Les gens, ilws n'ont pas le sens des responsabilités. »

Dans l'abribus, pendant que j'attends le 21, constatant que les lumières du lampadaire sont allumées en plein jour, un retraité : « Les gens, ils n'ont pas le sens des responsabilités. »

1. Relevé dans un grand quotidien national, sous la plume d'une journaliste connue, cette définition du koulak : « Au début des années 30, les koulaks, riches agriculteurs privés, propriétaires de leurs terres, qui s'étaient d'abord ralliés à la révolution, ont été ruinés, victimes de la collectivisation généralisée des terres. » Ce serait drôle – et une sorte de record : cinq âneries ou contre-vérités historiques en une phrase de trente mots, dont l'euphémisme « ruinés », à lui seul, vaut son pesant d'indicible souffrance – s'il ne montrait à quel point les élites occidentales restent vulnérables dans leur incompréhension totale, dantesque, de ce qu'a été l'URSS. On peut en concevoir quelques frayeurs pour l'avenir.

La réalité est tout autre. Le blaireau est une espèce menacée. À plus de 50 dollars le baril, il a subi une extinction. Quand on a franchi le seuil des 100 dollars, c'est comme si une stérilisation massive avait eu lieu, une rasade d'eau bouillante sur les parties génitales. Par inertie, certains blaireaux continuent de rouler en 4 × 4 (moins de 5 % du marché en 2009), mais c'est une punition. L'État, au passage, récupèrc 60 % du p lein d'essence, par la TVA et la TIPP – depuis la disparition des cinémas pornos, on n'a jamais vu taxation plus forte –, c'est dire si le malheur des blaireaux fait le bonheur de la collectivité.

Le prix des choses est le passage étroit et douloureux qui détruit l'habitat du blaireau. Aucun économiste, même soviétique, n'a réussi à prendre le prix en défaut. Plus la pénurie d'énergie se fait sentir, plus le prix est élevé, plus l'ADN du blaireau subit de mutations forcées. Si ça continue, il ne fera plus de tourisme de masse en Thaïlande. Il redécouvrira les joies du commerce de proximité. Il évitera les emplois éloignés de son terrier et il sera encouragé à travailler à domicile, ce que font déjà bon nombre de médecins, d'avocats, de prostituées.

Quand il ne pourra se passer de voiture, la sélection naturelle le poussera vers les modèles hybrides, électriques, à locomotion pédestre, à hydrogène liquide, à biomasse, à algues tueuses, à ondes radio, à enthalpie libérée, à pensée barthienne, etc., vers tout ce que le progrès sera en mesure de proposer.

La science, cette fée du blaireau, n'a pas dit son dernier mot, loin de là. Cela fait cinq siècles à peine qu'elle existe – si l'on prend Copernic comme point de départ. Elle commence tout juste à sortir ses griffes, à étaler ses possibilités.

La science est capable de protéger le blaireau, de le nourrir, de le soigner.

Allons quoi! On est parvenu à mettre un type sur la Lune et l'on n'arriverait pas à contourner le pétrole?... On a vaincu la variole et l'on se laisserait ligoter par une matière première que les hommes ont négligée pendant 99,9 % de leur parcours d'*Homo sapiens*?... La science : il n'y a plus de famines en Europe, plus de peste, la mortalité infantile n'a jamais été aussi basse, le travail aussi facile et les érections aussi longues! Faut-il être myope de l'Histoire, n'avoir aucune confiance dans le génie de l'homme, pour envisager sérieusement de passer le reste de notre existence dans l'impasse de cette règle à calcul, téléphone à disque, machine à écrire, carte perforée – appelez le pétrole comme vous voudrez. Le pétrole, comme le charbon, est une étape. Ni plus ni moins que l'âge du bronze[1].

---

1. C'est le moment de citer le fameux « L'âge de pierre ne s'est pas terminé faute de pierres, l'âge du pétrole ne se terminera pas faute de pétrole » (Sheikh Yamani, ancien ministre du Pétrole d'Arabie Saoudite et, accessoirement, un des artisans du bobo pétrolier de 1973). Traduction 1 : la fin du pétrole ne nous renverra pas à l'âge des cavernes. Traduction 2 : c'est l'homme qui sonnera la fin du pétrole, et non le pétrole qui sonnera la fin de l'homme.

Comment y arriver?... Un projet parmi d'autres est celui de Craig Venter, « bulldozer de la génétique » (comme le présente avec un brin de condescendance *Le Monde*), bête noire des anti-OGM, séquenceur du génome humain et créateur de la première cellule à ADN synthétique. Au lieu de nous contenter de *ramasser* la matière première, ce que nous faisons avec le charbon, le pétrole ou la canne à sucre des biocarburants, Craig Venter propose de la *fabriquer*, grâce à des bactéries génétiquement programmées pour produire des molécules organiques complexes. Tout ce qu'il faudrait pour nourrir ces zombies, c'est du soleil, de l'eau et beaucoup de CO_2. Ringardiser, en somme, toute l'industrie pétrochimique d'un coup, tout en éliminant le grand méchant gaz. Le magicien estime que ces mécanismes seront au point dans quelques années à peine, le plus difficile étant de « concentrer le CO_2 en suffisamment grande quantité ».

Beaucoup plus radicale est la solution imaginée par l'artiste Dominique Gonzalez-Foerster (prix Marcel-Duchamp 2002) : il faudrait prendre la décision collective de réduire génétiquement la taille des générations futures,

Le saut en trampoline par-dessus la pénurie, voilà ce que devrait permettre la science. Le blaireau y croit et il prend son élan. Il court, il accélère. Il n'y a pas de retour en arrière possible.

------

disons de moitié, pour avoir plus d'espace et moins de besoins alimentaires.

12.

La science est un agent double.

Pendant que j'argumente ainsi, tout seul, et que je parviens à débaucher la science pour soutenir mes thèses, Vincent fait la même chose et arrive aux mêmes assurances, de la part de cette même science, pas bégueule.

L'attaque survient alors que nous fêtons les quarante-cinq ans de Vincent[1]. Sont présents ses

1. Pour le cadeau, j'avais pensé au tee-shirt *Home*, chez Gucci, à 110 euros, mais Élisabeth a mis son veto (« c'est profondément amoral, en plus d'être une muleta pour vous deux »). Alors j'ai suggéré un chargeur solaire pour ordinateurs portables, Solargorilla, à 179 euros. L'aspect écolo de l'appareil est accessoire, l'intérêt principal étant de pouvoir charger son iPhone tout en faisant une randonnée – attention, il faut un minimum de soleil. Un cadeau cool, offert

amis les plus proches, dont nous faisons encore partie, et un ancien copain de prépa, un certain Rafa.

Nous sommes encore à l'apéro, quand il m'aborde :

– Vincent m'a dit que c'était toi, l'article dans *Libé*... Bonjour, je suis Rafa, je crois qu'on s'est déjà croisés [aucun souvenir]... Tu me remets?

J'adore cette manière de parler les mondanités. C'est fonctionnel, bureaucratique, ça vient du fond du cœur. Rafa est du genre à commencer ces mails par « Je reviens vers toi », à les terminer par « Je te contacte en semaine hors férié ».

Il poursuit :

– Ce que tu dis sur l'opportunisme commercial est très vrai. Le secteur marchand a réalisé qu'il ne pouvait pas se permettre de rater le train de l'écologie. Très pertinent, très juste.

Je ne suis pas né d'hier. Il commence par l'antithèse. La rengaine « votre fils, madame, est un garçon intelligent, peut-être même trop intelligent » qu'une directrice d'école primaire sert en hors-d'œuvre aux parents d'un cancre avant de passer aux nouvelles désagréables.

– En revanche...

Nous y sommes.

---

par un mec cool à un autre mec cool de Levallois-Perret pour ses quarante-cinq balais.

– En revanche, le fond du problème reste quand même le réchauffement climatique, une réalité indiscutable, le rapport du Giec est formel.

La voilà, cette science passée à l'ennemi, le fameux groupe-groupe et ses 2 500 scientifiques, dont se sert maintenant ce filou de Vincent pour me coincer, *via* Rafa.

– Vous êtes un scientifique vous-même, probablement?

Il a les cheveux coupés court mais pas trop, des lunettes en métal. Derrière sa ceinture sans fantaisie, il commence à prendre du bide. Il se tient droit et il a le regard franc, comme tous ceux qui sont sûrs de leurs opinions.

– Rafa a fait Polytechnique, s'incruste Vincent. Maintenant il enseigne au laboratoire d'électronique Sigma à Paris Tech.

Comprenez : il est compétent pour me remettre à ma place. Si Vincent et moi avons renié notre formation scientifique, Rafa, lui, est resté crédible. Son opinion sera celle de l'autorité.

Alors je dis, histoire de le mettre sur la défensive :

– Vous n'êtes pas climatologue, donc.

Il est tout peiné :

– Non, ça non, mais j'ai lu attentivement le rapport du Giec, et pas uniquement le *Résumé à l'intention des décideurs*.

Lorsque, puceau de tout, j'ai entendu parler pour la première fois du groupe-groupe, je me suis dit que c'était un organisme scientifique, un peu comme un CNRS de dimension internationale. C'est l'image qu'en a le grand public, c'est aussi l'idée que donnent les journalistes dans des raccourcis comme « le Giec regroupe 2 500 chercheurs de plus de 130 pays » (*L'Express*, 12 octobre 2007). Le Giec serait un formidable laboratoire où foisonnent les ressources scientifiques.

En réalité, j'en suis désolé, aucune recherche n'est conduite au groupe-groupe et il n'emploie aucun chercheur. Honnête, il le proclame lui-même dans son dépliant de présentation : « Le Giec n'a pas pour mandat d'entreprendre des travaux de recherche ni de suivre l'évolution des variables climatologiques ou d'autres paramètres pertinents [*sic*]. Ses évaluations sont principalement fondées sur les publications scientifiques et techniques. »

Je le répète, pour les sourds et les malentendants de mauvaise foi : sa mission est de réunir les articles parus dans la presse scientifique, ET C'EST TOUT.

Disons que c'est un Argus de la presse de taille rachitique (une dizaine de personnes employées à temps plein et logées dans les bureaux de l'Organisation météorologique mondiale à Genève).

Le texte initial du rapport a été compilé par 51 auteurs. Les autres 2 449 experts dont on parle sont des profs et des chercheurs disséminés aux quatre coins du monde qui relisent bénévolement les résumés qui sont proches de leur paroisse et font des remarques, lesquelles sont relues à leur tour par d'autres experts bénévoles, *perpetuum mobile*. En prenant sur son temps libre avec abnégation et un sens calculé du carriérisme universitaire, toute cette ruche corrige les références inexactes, remet les virgules à leur place et se cure le nez. C'est ce que l'on appelle le travail d'un comité de lecture[1]. Une vingtaine de réunions annuelles sont programmées, à différents endroits du globe pour faire plaisir à tout le monde, où l'on fait le point sur l'avancement de la compilation. Les discussions portent principalement sur l'intérêt d'inclure tel article ou d'exclure tel autre.

Les lycéens qui pompent leurs comptes rendus sur Wikipédia ne font pas autre chose.

Aucune nouvelle découverte n'est faite au groupe-groupe. Aucune hypothèse n'est confirmée, aucune

---

1. On peut s'interroger sur l'efficacité de la *peer review* – la relecture par ses pairs – pour faire aboutir des points de vue visionnaires ou iconoclastes dans le domaine scientifique. L'ayant plusieurs fois vu à l'œuvre en littérature, je ne peux que constater la tendance naturelle des comités de lecture à sacrer le consensuel et le clinquant au détriment de l'inclassable. Le triomphe du tâcheron passe forcément par un comité de lecture.

idée fulgurante n'est émise. Tout ce qui est présenté dans le rapport, à la faute de frappe près, a déjà été écrit et relu des dizaines de fois, dans des journaux à comité de lecture comme *Nature* ou *Science*.

La raison d'être du groupe-groupe, sa colonne vertébrale, sa libido, est ce *Résumé à l'intention des décideurs*, 56 pages où viennent s'abreuver les hommes et femmes d'influence, les fameux « décideurs », terme qui dégouline un peu en suintant bon les années 1990. L'existence même de ce résumé, son titre alliant pédagogie et condescendance, la manière de présenter les résultats, très « pour les nuls », le tout calibré pour nos stupides têtes gouvernantes, montrent assez que toute la machinerie des 2 500 experts a travaillé sur un texte dont la philosophie *in fine* est un engagement politique.

Logiquement, la troisième partie du *Résumé*, la plus longue, est un catalogue de mesures où nos cancres dirigeants peuvent piocher des idées toutes faites. On stabilobosse ainsi la taxe carbone : « Les politiques qui produisent un prix réel ou implicite du carbone pourraient créer des incitations pour les producteurs et les consommateurs à investir davantage dans les produits, technologies et processus sobres en gaz à effet de serre[1] » (page 21).

---

1. Remarquons le conditionnel « pourraient créer ». Le Giec, dans sa grande sagesse, reste prudent et flou comme

N'y manquent pas non plus les paragraphes au verbiage creux, dignes d'une logocratie : « Les actions que les pays participants entreprendraient peuvent être considérées sous des angles différents, à savoir : quand sera entreprise l'action, qui va y participer et en quoi elle consistera. Les actions peuvent être contraignantes ou non, inclure des objectifs fixes ou dynamiques et la participation aux actions peut être statique ou dynamique » (page 23).

Et voilà que mon technicien me dit, très fier :

– Le rapport a été mon livre de chevet. Mieux, avec mes étudiants et un océanographe, nous avons travaillé à approfondir certains points... le taux d'absorption du CO_2 par l'océan... avec un capteur destiné à mesurer la température sous-marine à très grande profondeur, six mille mètres, quand on sait que la pression... salinité... l'ordre de grandeur de l'incertitude...

Je l'interromps :

– Je suppose que vous avez obtenu des crédits facilement.

– Pourquoi tu dis ça ?

– Oh, pour rien. Une intuition. Tant mieux pour vous, remarquez. Il n'y a pas que les climatologues

---

un dicton de l'Almanach : « À la Saint-Pierre-Damien, l'hiver reprend ou s'éteint. »

qui se beurrent au Giec, ce serait trop injuste[1]. Un sympathique réchauffement budgétaire pour tous ceux qui pédalent dans la bonne direction, qui serait contre?

---

1. Climatologues! Vous n'êtes pas plus malhonnêtes qu'un garagiste ou un écrivain, et je ne vous soupçonne pas d'être vendus au groupe-groupe moyennant honneurs universitaires et attributions de budgets recherche, ce que d'aucuns sceptiques suggèrent allègrement, je crois simplement que vous vivez enfin votre heure de gloire et que vous n'êtes pas prêts à vous en passer. Le singe a attrapé la banane. Jamais votre science n'a été à ce point au centre du monde. Jamais votre opinion n'a été à ce point écoutée, réclamée, adulée. Famille et voisins vous demandent votre avis et vos enfants sont populaires à l'école.

Quand on pense qu'il y a seulement une vingtaine d'années la climatologie était le vilain petit canard des études d'ingénieur! Combien de diplômés choisissaient cette spécialité marginale quand on pouvait se lancer dans l'informatique, la métallurgie, la chimie organique, le génie civil, le nucléaire... Travailler à Météo France n'a jamais fait rêver nos élites. Le caïd Rafa s'est spécialisé en électronique, et ce n'est que maintenant qu'il a commencé à lorgner du côté de la nouvelle mode.

Climatologues! Vous tenez votre revanche. Profitez-en, étalez votre science, faites-nous entrer en pâmoison. Clamez le verre à moitié vide, puisqu'il renforce votre discours et accroît notre dépendance à votre nicotine. Ne lâchez pas la banane. Je compte sur votre bon sens.

Le technicien Rafa est incapable de saisir l'ironie, même quand elle flirte avec la diffamation.

Vincent, lui, tique un peu :

– Doucement, quand même. Tu as le droit de ne pas croire au réchauffement climatique, mais doucement.

– Ah, parce qu'il ne croit pas au réchauffement climatique ? s'esclaffe Rafa.

Et clignote dans ses yeux cette expression minarquoise mi-gourmande que j'ai déjà rencontrée chez Vincent et que je déchiffre facilement. « Pauvre réac ! Laissez-le-moi, ça va être sa fête », pense-t-il, et il lève au-dessus de ma tête la massue des arguments scientifiques prémâchés que je connais par cœur[1].

Pénible moment, où l'on a l'impression d'avoir marché dans un chewing-gum.

Je jette un coup d'œil à Élisabeth, mon enclume, qui me surveille en douce de l'autre côté du salon pour que je ne fasse pas de scandale.

---

1. Je m'attends à un défilé de glaciers, d'inlandsis, de permafrost, de phytoplancton... Tout le contenu de *Science & Vie*, Hors série n° 240, « Climat. Le dossier vérité. » [Le sensationnel de pacotille de cette une est à lui seul symptômatique du malaise entourant la question du réchauffement climatique. Il y a quelque chose de pourri.]

13.

Il semblerait, aux dernières nouvelles du XXIᵉ siècle, que la grande majorité des scientifiques compétents (les climatologues, les océanologues, les glaciologues) pensent que la Terre se réchauffe, que ce réchauffement est dû à l'homme et que ça peut être grave.

La grande majorité des scientifiques incompétents (ceux dont la spécialité n'a aucun rapport avec le climat) s'alignent sur les scientifiques compétents en vertu du principe de la séparation des savoirs dans la société moderne. Je me conduis de la même manière quand je me rends chez mon dentiste au lieu de me soigner moi-même – un dentiste serait plus qualifié dans l'arrachage de dents qu'un écrivain.

Une minorité de scientifiques compétents, les mencheviks, vieux routiers de la climatologie pour la plupart, contestent les résultats des bolcheviks, lancent des noms d'oiseaux, écrivent des articles pour mettre en avant tel ou tel point qui aurait été sous-estimé, comme l'influence du rayonnement solaire, le rôle de la couverture nuageuse ou l'impact des grands centres urbains sur la fiabilité des mesures de température.

Face à cette fronde, la majorité ne se prive pas de dire, sur un mode incantatoire, qu'elle est la majorité, qu'il y a 2 500 scientifiques au groupe-groupe, que les Académies des sciences des nations civilisées ont paraphé des mises au point très claires où il est stipulé que le réchauffement est une réalité. Nous sommes nombreux et nous sommes armés, dit la majorité. Il n'y a pas de discussion possible, tranche-t-elle, on ne parle pas à des pygmées, on les ignore ou on les tue – universitairement parlant.

La minorité crie à la manœuvre d'intimidation.

La minorité clame qu'elle n'est pas du tout une minorité insignifiante, elle dresse de longues listes de noms de chercheurs qui la soutiennent, accompagnés de leurs médailles et références. Elle suggère au contraire que la majorité s'est autoproclamée majorité et qu'il n'y a aucune preuve de la domination de l'opinion majoritaire dans les milieux scientifiques. Elle procède à des contre-sondages, elle recueille des signatures. D'après la minorité, la majorité aurait bourré les urnes, en quelque sorte.

La majorité fait semblant de ne rien entendre.

Parfois, quand on l'a suffisamment cherchée, la majorité daigne fouiller dans la liste des supporters de l'autre camp et prend un malin plaisir à démolir la crédibilité des chercheurs qui y figurent. Untel aurait travaillé pour une entreprise pétrolière dans les années 1990 – un crime imprescriptible, comme si le pétrole était une substance maudite –, un autre n'aurait jamais pris la peine de faire valider ses travaux par un comité d'experts, un troisième aurait recopié des erreurs flagrantes, etc.

Toi-même ! s'insurge la minorité.

Elle rappelle les approximations dont s'est rendu coupable le Giec, la fameuse courbe catastrophiste des hausses de température « en crosse de hockey », fondée sur des données partielles, discréditée en 2006 et retirée en catastrophe du dernier *Résumé à l'intention des décideurs* sans qu'il y ait la moindre explication officielle – étonnant quand on pense à l'avalanche d'articles de la presse grand public où cette courbe avait été reprise entre 2001 et 2006, devenant pendant toutes ces années le visage du réchauffement climatique, sa Jeanne d'Arc.

On se saisit de la grossière erreur sur la fonte des glaciers de l'Himalaya – programmée pour 2035, date que la majorité, forte de ses 2 500 zozos, a recopiée dans un tract du WWF pour la mettre dans le rapport du Giec, et qu'aucun expert n'a pris la peine de vérifier (ni pendant les six ans qu'a duré la rédaction du Quatrième rapport, sorti en 2007, ni pendant les deux années suivantes).

Voyez leurs méthodes de travail! crie la minorité. Voyez leur mauvaise foi!

Tous des manipulés! répond la majorité. « La protection des intérêts économiques et industriels des grands groupes, comme Koch Industries [papier-toilette Lotus] ou Exxon, alimente l'essentiel du discours climato-sceptique! » (Rapport Greenpeace, mars 2010.)

La minorité a un porte-voix. C'est la blogosphère, où chaque opinion contestataire est reprise par une floraison de tordus de tous poils, de toutes obédiences, allant des milieux néoconservateurs américains, qui voient dans l'obsession écolo un syndrome gauchiste à extirper, au scientifique du dimanche qui bidouille des modèles climatiques sur son ordinateur, en passant par le libertaire lassé du discours politique monocorde.

Périodiquement, la majorité se révolte contre cette liberté de parole et se répand en chroniques amères où elle se lamente sur le thème du « on donne trop de poids aux sceptiques dans les médias ». On a vu passer des positions virulentes dans *Libération*, dans *Le Monde*, dans *The Guardian*. Al Gore le résume très bien dans *Earth in the Balance* : « Nous sommes sensibles aux fausses certitudes d'un petit groupe de savants qui prétendent que la menace n'existe pas. Quelques-uns, par exemple, croient que le réchauffement global n'est, pour reprendre la formule du professeur Richard Lindzen, du MIT, "qu'un problème de nature essentiellement politique sans base scientifique". Leurs vues bénéficient parfois d'une audience excessive. » Hulot s'insurge : « Les écolo-climato-sceptiques [l'insulte qui tue] ont un succès médiatique grandissant. » Des forcenés relaient ces plaintes sur les forums : la blogosphère est une hydre dont les têtes s'entre-dévorent.

Chaque *pro* ou *contra* est suivi d'une empoignade de commentaires où la foule se met sur la figure à coups de petite science.

Les deux camps, vulgairement campés dans les certitudes, font des amalgames et des raccourcis, sortent des phrases du contexte avec une habileté de pickpocket, reprennent en trompette la moindre donnée qui leur paraît favorable sans en vérifier ni l'origine ni la portée, sans tenir compte non plus des bémols que les besogneux chercheurs mettent parfois dans leurs notes de bas de page[1].

---

1. Je peux, quand je le veux, écrire tout un chapitre sans notes de bas de page.

Et c'est dans ce débat sans honneur que m'entraîne Vincent.

Sur son échelle des valeurs, je ne suis ni plus ni moins qu'une carie.

14.

Mon dentiste fait partie de ces sympathisants de la minorité. Il est armé d'un bon sens à toute épreuve, il est celui « à qui on ne la fait pas ». Je lui ai offert *Ipso facto* il y a quelques années, qu'il a lu au pied de la lettre comme une attaque contre la bureaucratie – ce n'est pas un grand lecteur. Depuis, il me trouve sympathique, et c'est réciproque.

Dans sa salle d'attente – *Le Figaro Magazine*, *Le Nouvel Obs* et *L'Histoire de France pour les Nuls*.

Pendant qu'il lime ma plaque, comme il croit avoir trouvé un confrère dans le scepticisme, il me livre ses réflexions dans un savant monologue dont la raison d'être est de distraire le malade, de l'aérer par les oreilles pendant que ça barbote en bouche.

– Ouvrez grand... Quel tissu de conneries, ce réchauffement climatique dont on nous soûle à longueur de journée… Rincez-vous… Je n'y crois pas une seconde. Quand on sait qu'il est difficile de prévoir la météo à dix jours, alors venir nous raconter ce qui va se passer dans un siècle!…

Ayant la bouche pleine d'instruments, je ne peux lui répondre. Cependant, à mon grand regret, cet argument du café de la gare ne tient pas la route. La prévision à court terme est souvent moins bonne que celle du long terme. Pour s'en convaincre, une expérience à la Tom Tit : je vide un encrier dans l'eau d'une baignoire. Je sais que, tôt où tard, l'agitation des molécules fera que toute l'eau sera uniformément grise, c'est une évidence, et mes cris, supplications et humanisme n'y feront rien. En revanche, je n'ai aucun moyen précis de savoir comment l'encre va se diffuser, quels colimaçons naîtront de ses envies, ou, pour introduire une note rimbaldienne, quels hippocampes noirs feront peur à mon imagination. La fin est connue avec certitude, le chemin suivi ne l'est pas[1].

_____

1. La mort est un autre exemple du même phénomène.
Pareillement, un cône, posé sur la pointe et laissé en équilibre, finira par tomber, et même assez rapidement. Savons-nous pour autant de quel côté se produira la chute? (Astuce trouvée par mon amie Jeanne, trois ans, pour éviter d'affronter ce problème : mettre le cône en rotation, ce qu'elle fait en jouant avec sa toupie.)

– Rincez-vous… Le climat a toujours varié. Plus chaud, plus froid, on a connu de grandes canicules, suivies de périodes polaires, et, croyez-moi, je préfère la chaleur, et de loin… Florence, mon petit, vous avez les radios de monsieur ?…

Mes icebergs à moi, grignotés par l'érosion et les mauvais plombages, mijotent sur sa table rétro-éclairée.

Son visage s'illumine :

– Je m'en doutais, c'est un problème d'adhérence ! Vous voyez, là, entre l'amalgame et la dent ?… Il y a comme une bulle…

Il coche des cases dans mon dossier. Ses mains sont à nouveau à l'œuvre.

– Le Groenland, qui veut dire "pays vert" en viking, *green land*, on voit bien l'origine étymologique, le Groenland, s'ils l'ont appelé ainsi et s'ils sont allés y vivre au Xᵉ siècle, c'est qu'il y faisait bien meilleur qu'aujourd'hui, alors quand on nous bassine avec la fonte de la calotte… Vous faites ah ! si vous sentez quelque chose.

– Ah !

– Vous avez la sensibilité à fleur de peau, vous…

– Ah !

– Je vois… Les vignes que l'on faisait pousser en Écosse au XIIᵉ siècle, Braudel en parle, les vignobles, vous en faites quoi ? Il y avait du vin en Écosse, vous rendez-vous compte, un optimum médiéval de température.

Il n'y a pas que le Moyen Âge. Mon dentiste se projette avec aisance à vingt mille ans de distance, ou davantage s'il le faut. Il se balade dans le pléistocène comme si c'était la rue d'Alésia de son XIVᵉ arrondissement. La dérive des continents – il y était.

– Quand l'Amérique du Sud s'est accrochée à l'Amérique du Nord par l'isthme de Panama, c'est tout le système des courants atlantiques qui s'est modifié, avec des baisses de température vertigineuses sur l'ensemble de l'hémisphère Nord.

Il parle taches solaires, chute de météorites, explosions volcaniques, inversion du magnétisme de la Terre – tout ce qui peut perturber le climat et qui s'est déjà produit sans qu'aucun humain y soit pour quelque chose. Il évoque la grande extinction du cambrien, dans laquelle périrent 85 % des espèces, et à laquelle Obama lui-même n'aurait pas su réagir.

J'aime mon dentiste. Il a de l'imagination, qualité dont sont totalement dépourvus les grenadiers-voltigeurs de l'écologie. Il est cultivé et il ne prend pas au sérieux les baudruches de la vie. Qui plus est, je suis flatté d'entendre une voix qui porte dans la même direction avec autant d'assurance. Nous sommes du même côté de la barrière. Alors…

Alors…

Comment expliquer que je ressens, à cet instant, une grande frustration ?... C'est que je prends soudain conscience des faiblesses de mon camp.

Souvenez-vous de Kambei dans *Les Sept Samouraïs*, voyez son abattement quand il découvre l'incompétence des villageois, la médiocrité indécrottable de ceux qu'il doit entraîner au combat. Si les arguments du bon docteur sont nos seules munitions, alors nous sommes le dos contre le mur, et la foi est notre seul moteur.

Car le Groenland, les vignes d'Écosse, les aérosols des volcans, tout cela est connu[1], rabâché par les minoritaires dans d'innombrables livres (qui se vendent bien), allant de Václav Klaus à Michael Crichton, sans oublier Claude Allègre[2]. Aucune de

---

1. On pourrait y ajouter les ergoteries sur la taille de l'inlandsis de l'Antarctique – qui resterait stable ou augmenterait alors qu'on nous dit le contraire –, les hausses de température qui seraient en réalité des baisses, la sous-exploitation des données sur l'ensoleillement et les taches solaires, l'importance démesurée accordée au CO_2 alors que le GES le plus vilain est la vapeur d'eau, etc. – un excellent résumé de ce fatras est le film de 2007, *The Great Global Warming Swindle* [« La Grande arnaque du réchauffement climatique »], diffusé en Grande-Bretagne sur Channel 4. Le documentaire, tombant par moments dans la théorie du complot, se fait facilement empaler par les adeptes du Giec sur des sites apostoliques comme *Real Climate*.

2. Le plus grand mérite de Claude Allègre est de mettre en évidence les pulsions de mort pudiquement cachées chez les obsédés du réchauffement climatique. Parmi les insultes qui pleuvent sur ce médaillé d'or du

ces histoires n'est totalement convaincante : dans le cas du Groenland, qui sait comment un Viking nommait les terres inconnues au Xe siècle?... d'après quels principes marketing? quelles pulsions? *Green land* – est-ce la réalité observée ou l'espérance d'une vie meilleure après des mois de traversées polaires? Après tout, la mer Noire n'est pas noire et la mer Rouge non plus. Le boulevard Jean-Jaurès à Boulogne-Billancourt n'a jamais vu le grand Jaurès, pas plus que le lycée Robespierre, rue Léon-Blum, à Lens, n'a vu le grand Robespierre[1]. L'homme

---

CNRS, on appréciera particulièrement : « Claude Allègre est un Poujade du climat » (blog de la section socialiste de l'île de Ré). On dit aussi « le négationniste Claude Allègre » (Noël Mamère), pétant au passage au nez de l'Holocauste et plaçant le prurit écolo dans une perspective glaçante du combat du Bien contre le Mal. En cela, Claude Allègre est un papier pH qui révèle le caractère basique (binaire) de l'idéologie d'en face. La faiblesse de certains arguments défendus par le pauvre homme pourrait expliquer l'agressivité dont il est l'objet – les prédateurs s'attaquant en priorité aux animaux fragiles.

1. Il y a aussi un lycée Robespierre à Arras, avenue des Fusillés – il n'y a pas de rue des Guillotinés en France –, et un collège Robespierre à Épinay-sur-Seine, un autre à Saint-Pol-sur-Mer (rue Maurice-Thorez), un autre à Port-Saint-Louis-du-Rhône... 54 établissements scolaires portent fièrement le nom de ce Peter Pan de la terreur. Il bat Danton (34 établissements), l'archange Saint-Just

nomme les choses pour vivre de ses illusions : voyez le cap de Bonne-Espérance.

Les vignes en Écosse?... qu'est ce que ça prouve? Connaît-on les rendements? les cuvées? Attaquait-il court en bouche?... Je connais des fous qui font pousser des vignes sur leur balcon à Varsovie. Et même si l'hémisphère européen était sans doute plus chaud qu'aujourd'hui [qui peut l'affirmer? sur quelles bases?], qu'en était-il de l'Afrique, de l'Océanie, de l'Amérique?... Où sont les mesures? s'écrie saint Thomas.

– Ah ben il s'est remis à neiger, observe mon dentiste. C'est l'hiver des records. En Europe, en Amérique... Encore la faute au réchauffement climatique, hein!... Déjà que l'été dernier a été pourri... Bientôt il neigera en août[1], mais ils continueront à couiner : « réchauffement, réchauffement » !

_____

(20, dont une école maternelle Saint-Just à Aubervilliers), Camille Desmoulins (11), Marat (un seul petit collège, ô citoyens ingrats). Notons que la première fête décadaire, imaginée par Robespierre pour meubler les décadi – la semaine traditionnelle de sept jours ayant été remplacée dans le calendrier républicain par les décades de dix jours –, a été celle « de l'Être suprême et de la Nature ».

1. Pourquoi pas?... Le 12 juillet 2000, à 6 heures UTC, il a neigé sur le Massif central. Température : 4 °C (Météo France).

Pauvre docteur! Tout comme le décalottage du Kilimandjaro ne dit rien sur le RC[1], la vague de froid de l'hiver 2010, avec ses chutes de neige record en Corse, ne prouve pas le refroidissement. Il se peut très bien que la Terre se réchauffe et

---

1. Il semblerait que ce grand psychotrope de l'écolo-hystérie soit victime non pas de la hausse des températures mais de la baisse des précipitations (cf. Betsy Mason, *Nature*, novembre 2003 – le papier a provoqué un microséisme).
Gambadant sur la même peau de chagrin glaciaire, Al Gore, dans *An Unconvenient Truth*, prophétise la diminution drastique du débit de l'Indus, du Gange, du Brahmapoutre, du Yang-tsé-Kiang, tous ces fleuves légendaires prenant racine dans les glaciers de l'Himalaya. L'argument a été repris par Rajendra Pachauri, président du Giec : « Les régions traditionnellement irriguées par les eaux des fontes de glace dans lesquelles vit actuellement un sixième de la population mondiale verront les flux se tarir et ne pourront exploiter leurs pouvoirs hydro-électriques » (AFP, février 2010). Croix de bois, croix de fer, jamais je n'aurais cru possible une telle erreur de la part d'un scientifique réputé – ou est-ce de l'inculture? de l'arrogance? une éclipse? Comme le font remarquer Martine Tabeaud et Xavier Browaeys, professeurs de géographie à la Sorbonne, n'importe quel manuel de géographie du secondaire précise qu'« à l'exception des hautes vallées aux faibles densités, c'est la mousson qui rythme le calendrier agricole, qui détermine les récoltes et conditionne les systèmes d'irrigation. C'est elle qui est la source du débit (entre 80 et 90 %) des grands fleuves dans l'Himalaya ».

qu'il y ait, au même moment, un record de froid rive gauche à Paris, disons autour du métro Glacière.

La gencive endolorie, je prends soudain conscience de la fragilité des sceptiques, de leur manque de cohérence et, souvent, de pertinence. Les arguments scientifiques tronqués ou biaisés par la passion n'ont aucune efficacité pratique. Il y a 2 500 scientifiques en face, les académies, les médias, la physionomie roublarde de Jean-Louis Borloo et la dame du 3ᵉ, escalier C. Depuis peu, le pape s'y est mis[1]. Un bulldozer, aveugle sur les côtés, grinçant des ressorts, avance lentement. Il n'a pas de pensée autre que sa force d'inertie. Ce n'est pas avec des chicanes bricolées que l'on saura le freiner. La rustine du bon sens ne suffira pas.

---

1. Benoît XVI : « La protection de l'environnement, des richesses naturelles et du climat doit contraindre tous les responsables à redoubler d'efforts. » [Vatican Information Service (24 septembre 2009.)

Je reste perplexe devant cette déclaration. Venant d'une institution qui est censée se préoccuper davantage de l'âme que du corps, qui fait le pari d'une vie éternelle après la mort, la tonalité est inhabituellement matérialiste. L'Église est-elle à ce point harcelée par la bien-pensance qu'elle ait besoin d'une phrase consensuelle?... Ne sent-elle pas le paganisme diffus dans ce nouveau culte de la Nature, fait de gestes pour la planète?

– Rincez-vous, on y est presque... Finalement c'est une affaire de gros sous. Le business vert, ça rapporte, et pas que des rutabagas[1]!... Vous avez une mutuelle?

Non, bien sûr. Je n'ai pas de bouclier, pas de harnais, pas d'assurance chômage et aucun pacte avec le diable.

Je rentre chez moi en métro. (Je n'ai même pas de voiture.) Je passe une mauvaise soirée. Peu m'importe que le camp d'en face accumule les approximations grossières, les fautes de raisonnement, les copier-coller du prémâché vulgarisateur, peu m'importe leur anémie, pourvu que moi, de mon côté, je puisse m'affranchir de la bêtise de mon propre camp. Car nous avons, nous les sceptiques, besoin d'une bonne dose d'assainissement.

---

1. Le pétrole, ça rapporte. Le porno, ça rapporte. Le loto, ça rapporte. *Les Aventures de Tintin*, ça rapporte. Mais dentiste, ça rapporte aussi. Les poches d'Al Gore ou de la Fondation Hulot ne sont pas un argument.

15.

Rafa m'a posé une question, il attend une réponse, ses bras rondouillards croisés sur la poitrine, la bedaine en avant, et toujours ce sourire de mâle alpha, sûr de lui et de ses glandes, à l'aise dans son parcours terrestre et sa cravate Hugo Boss.

— Tu ne crois pas au réchauffement climatique, c'est ça?... Vas-y, partage!

— Le problème n'est pas posé correctement, dis-je. Vous vous trompez de porte. Vous vous acharnez à sonner chez madame Irma.

Vous demandez à la science de prédire l'avenir, ce qu'elle n'a jamais su faire correctement.

Elle est forte, la science, elle peut calculer la trajectoire d'un boulet de canon (approximativement), estimer le temps qu'il fera à Paris dans trois jours (avec un taux d'échec de 35 %[1]), combattre efficacement la tuberculose (jusqu'à ce qu'une mutation du bacille ne remette tout en cause), poser un homme sur la Lune (par miracle). Elle sait mettre ses roues dans les ornières, et même, parfois, elle creuse des ornières nouvelles, inconnues, incroyables. Quand elle néglige le frottement, les rayons cosmiques et la psychologie féminine, la science est capable de donner correctement différentes trajectoires, celle des planètes, des courants marins et d'une femme marchant dans la rue. La science peut, si les éprouvettes sont bien lavées et « toutes choses égales par ailleurs », expliquer péniblement les phénomènes observables, récurrents et conceptualisables[2]. Mais elle ne peut

---

1. L'amphi de statistiques est le peu qu'il me reste de mes études, mais je m'en sers tous les jours : il existe un moyen d'avoir une prévision dont l'intervalle de confiance n'est pas très éloigné de celui de Météo France, sans avoir recours à aucun ordinateur ni satellite – imaginez les économies que l'on peut faire. La formule magique est la suivante : « Hors perturbations orageuses, le temps qu'il fera demain sera équivalent à celui que l'on a aujourd'hui à 3 °C près. »

2. « Conceptualisable » voulant dire : que l'on peut schématiquement coucher sur le papier pour le soumettre à la raison. Le non-conceptualisable est inaccessible à la science. La révolte de l'adolescent contre ses parents est observable et récurrente, mais non conceptualisable car

pas, et ne pourra jamais, prévoir un tremblement de terre, la chute d'une météorite, une mutation virale. Tout ce qui sort du champ de l'expérience reproductible, contrôlable, bureaucratique, lui est inaccessible. Elle ne sait pas gérer la surprise.

Tâcheronne comme le facteur Cheval, elle ne sait même pas de quoi elle est capable elle-même. « Il n'y a pas la moindre indication que l'on arrivera un jour à produire de l'énergie nucléaire », déclare Albert Einstein en 1932. Myope comme la science, pourrait-on dire. Pataude et sadique, elle invente la bombe et le Rubik's Cube. Elle avance dans le désordre, tombe de haut, perd beaucoup de temps à cacher les aiguilles dans les bottes de foin. Qui pourra m'expliquer pourquoi le modeste vélo – deux roues, une chaîne, des pédales – a mis cinquante ans de plus à être développé que la locomotive à vapeur, autrement plus complexe[1] ? Cinquante ans !...

---

prenant des formes très différentes, allant jusqu'à l'absence totale de révolte (chez moi, par exemple).

Le conceptualisable est à l'avant-scène du modélisable – mais si l'on se met à parler comme Barthes, où va-t-on ?

1. Cinquante ans, c'est aussi ce qui sépare la naissance de la mécanique quantique – une des constructions intellectuelles les plus complexes jamais produites par l'homme – et la formulation relativement simple de la théorie du chaos par Mandelbrot en 1973 (*Formes nouvelles du hasard dans les sciences*).

Nos puits de science sont troués d'ignorance. Pourquoi se révolte la cellule cancéreuse? ne se doute-t-elle pas, cette pauvre sotte, qu'elle scie la branche où elle est assise? n'a-t-elle aucune solidarité avec ses sœurs, les besogneuses cellules saines?... D'où viennent les incubes qui peuplent mes nuits?... Comment apparaît la conscience (et où était-elle avant)?... Que signifie le chant des baleines[1]?

On ne sait toujours pas si la dépression est une maladie et le Prozac un traitement efficace[2]. Il n'y a pas que l'infiniment petit et l'infiniment grand – la mécanique quantique et l'astrophysique – qui nous

---

1. « Le chant d'une baleine est totalement renouvelé tous les cinq ans, ce qui est sans équivalent même chez les oiseaux les plus évolués. » (Dominique Lestel, *Les Origines animales de la culture*.)

2. Dans *The Emperor's New Drugs* (2009), Irving Kirsch, professeur de psychologie à l'université de Hull, Grande-Bretagne, se demande si les médicaments antidépresseurs, comme le Prozac, ne seraient en réalité que des vastes effets placebo, malgré les centaines de tests en double aveugle. Le biais viendrait par ricochet sur les effets secondaires connus de tout le monde : les antidépresseurs provoquent la nausée, les migraines, la gorge sèche, etc., là où une pilule sucrée tire à blanc. Il suffit d'observer l'absence ou la présence d'effets secondaires pour se douter de la nature de ce que l'on avale et annuler la validité du test.

font sentir les limites de notre raison : l'effet placebo, encore lui, est un vaste trou noir qui absorbe les explications rationnelles.

Un peu d'humilité, la science! Cou-couche panier! Peut-être faudrait-il déjà qu'elle se mette d'accord sur l'existence ou non du point G, avant de s'attaquer à ces choses autrement plus obscures?

Que s'est-il donc passé pour qu'on la prenne pour Nostradamus?... L'informatique.

On prétend modéliser le futur. On sort l'ordinateur. La calculette est si forte! Elle nous bat aux échecs. Le grand sorcier! Réussite aux examens, stress, retour de l'être aimé... tu viens le voir, tu repars guéri. Avec internet, ne nous aide-t-il pas à trouver le coup d'un soir et la femme de notre vie? N'a-t-il pas remplacé la secrétaire, le libraire, la télé et le cinéma porno du quartier? Quelle puissance! quel talent!

Hello Dave... Tournent les algorithmes, sortent les graphiques, les températures, les précipitations. On compare avec la réalité. Toute donnée relevée qui n'est pas trop éloignée de ce qui était prévu conforte le sentiment de fiabilité, de sécurité. *Hello Dave...* Parfois une observation s'écarte sensiblement des prévisions. Certains glaciers fondent plus vite. D'autres repoussent, bizarrement. On s'arrête de pédaler, on réfléchit. Sacré nom d'une pipe! Ça crève les yeux : on a surestimé alpha, sous-estimé bêta et oublié epsilon. Les explications sont si simples à trouver après coup! On modifie légèrement les pondérations, on tripote une ou deux équations pour coller à la réalité nouvelle et l'on redémarre. La pierre philosophale s'affûte, nous dit-on. Elle se bonifie par tâtonnements successifs. Jusqu'à la prochaine observation « hors normes » dont personne ne peut prévoir ni le lieu, ni la teneur.

Bref, à peu de chose près, les ordinateurs reproduisent ce que l'on sait déjà. Le passé (récent) est la seule chose qu'ils sont capables de prédire (je reconnais qu'ils le font à la perfection). L'informatique est tautologique, par essence. Elle gagne aux échecs, d'accord, mais modifiez soudain une règle – ce que n'importe quel enfant fait en permanence[1] – et l'ordinateur se transforme en un Robocop gauche et

---

1. Johann (sept ans) : quand un cavalier (un cheval) se trouve sur le bord de l'échiquier, on a le droit de le faire sauter de l'autre côté.

Stéphane (cinq ans) : arrivé à la huitième rangée, un pion ne se transforme pas en reine mais entame une marche courageuse en sens inverse, comme le ferait Rambo tombant en territoire ennemi.

Michel (quatre ans) : quand il y a échec au roi, on a le droit de prendre une gomme et de la lancer sur l'échiquier. Les pièces qui tombent sont définitivement exclues du jeu.

impuissant, dépassé par la réalité nouvelle, obsolète en une seconde, bon pour le musée, tel un ENIAC dans un magasin de porcelaine[1]. C'est à se demander, comme le fait Michele Del Re dans *La Divination informatique* [1993] si l'ordinateur et l'astrologie ne sont pas les deux faces d'un même besoin de se rassurer : « L'ordinateur et l'horoscope présentent un commun profil finaliste, foncièrement sécurisant par la simplification des règles et par le caractère réputé prévisible de l'avenir. Le mariage de ces deux savoirs, pourtant si inconciliables sur le plan méthodologique, n'en est pas moins inévitable. »

– Tu nous prends pour des mammouths, me dit alors Rafa. Nous savons bien que les modèles sont imparfaits (*sic*). C'est pourquoi nous raisonnons en fourchettes d'incertitude.

Les rapports du Giec sont un tissu de probabilités, en effet. Chaque diagnostic sur l'état de la planète, chaque scénario d'évolution, est pondéré par une chance. Ainsi : « En se fondant sur un ensemble de modèles, il est *probable* que les futurs cyclones tropicaux (typhons et ouragans) deviendront plus

---

1. Est-il intéressant de signaler ici que c'est chez Vincent que j'ai manipulé le premier Macintosh, un Mac 512K au boîtier beige, et son application quasi magique MacPaint. [Que faire de cette information ? Est-elle utile pour qualifier mes relations avec Vincent, indiquer notre degré d'intimité ou une connivence intellectuelle ?]

intenses, avec des vents maximum plus forts et des précipitations plus fortes » (page 15).

Même page, plus haut : « Il est *très probable* que les canicules, les vagues de chaleur et les événements de fortes précipitations continueront à devenir plus fréquents. »

Rien n'est certain, tout est *probable*[1]. Dans les deux cas, l'italique qui souligne est l'œuvre du Giec lui-même. On habitue ainsi le « décideur » à raisonner en termes probabilistes suivant une grille de lecture fournie au début de l'ouvrage : *très probable* voulant dire « avec une probabilité supérieure à 90 % », *probable* signifiant une probabilité plus modeste, supérieure à 66 % tout de même.

Tout de même... Rafa et son regard triomphant. Tout de même... Vincent et son sourire de canard en plastique.

Ça peut paraître beaucoup, 66 %.

Dans l'univers des jeux, à la roulette ou à pile ou face – tout dépend de votre standing –, 66 % est un avantage énorme, décisif. Si Dieu m'appelait pour m'apprendre qu'il est *probable* que le rouge

---

1. Je suis tenté de poursuivre ici par le mot de Solon : « Si tout est incertain, pourquoi craindre quelque chose ? » et de clore ainsi le chapitre. Mais la sagesse antique est contraire à la combativité du rationaliste Rafa et serait perçue comme une dérobade.

sorte au prochain lancer, je miserais, c'est certain[1]. Et que dire de 90 % ?

L'ennui avec les probas, le terrible ennui, chers polytechniciens, c'est qu'elles ne sont pas adaptées pour mesurer le vivant, le changeant, l'instable. Le climat n'est pas le casino, ni le poker. Les courants marins, les vents et les taches solaires ne sont pas des sacs avec des jetons blancs et noirs que l'on tire au hasard[2].

Si l'on se fiait uniquement aux probas, il n'y aurait aucune chance de voir la vie apparaître sur Terre, certains calculs situant à moins de 10^{-2000} la

---

1. Il va sans dire que je perdrais – dominé par Saturne, le Capricorne est malheureux au jeu, malgré des qualités indéniables de courage et d'entêtement : « L'assimilation est lente chez les natifs de ce signe, mais ce qui est bien appris ne s'oublie pas... La chance est très limitée. » (Henri Gouchon, *Dictionnaire astrologique*.)

2. Martin Gardner, je crois, rapporte cette anecdote sur les limites des probabilités appliquées au réel. Deux mathématiciens sont dans un café. Le premier dit : je parie 100 dollars que sur les 50 prochaines personnes qui passeront devant nous, il n'y aura pas une seule femme. Le second accepte en se frottant les mains : un calcul rapide montre que la probabilité qu'il n'y ait aucune femme sur 50 individus croisés aléatoirement dans la rue est de 2^{-50}, soit une chance sur un million de milliards.

Il perd. Un régiment se rendant sur la place centrale pour participer à un défilé passe devant le café.

probabilité de produire une cellule vivante, sans même parler de formes supérieures d'évolution [1].

Si les probas étaient la panacée, il n'y aurait jamais de banques en faillite, de pertes en Bourse,

---

1. Je copie sur *Une vie à découvrir*, de Francis Crick, découvreur de la structure de l'ADN, athée et rationaliste enragé : « Un honnête homme armé de tout le savoir dont nous disposons actuellement ne pourrait pas aboutir à une autre conclusion : l'origine de la vie apparaît aujourd'hui comme un miracle, tant sont nombreuses les conditions qu'il aurait fallu avoir satisfaites pour la mettre en marche. » Chez Jacques Monod, je prends : « L'homme sait enfin qu'il est tout seul dans l'immensité de l'Univers, où il est apparu par hasard. »

Je fais semblant d'ignorer le déterminisme biologique – selon lequel les conditions favorables entraînent *forcément* l'apparition de la vie, par un mécanisme ou un autre – car j'ai des comptes personnels à régler avec le déterminisme en général, qu'il soit social (Marx) ou sexuel (Freud).

Accessoirement, le chiffre de 10^{-2000} est tiré de la probabilité d'obtenir des protéines fonctionnelles capables de se dupliquer et une centaine d'enzymes à partir d'une bonne dose de soupe organique (les détails de ce calcul pittoresque sont dans Michael Denton, *Evolution : A Theory in Crisis*). La barrière de la vie vaincue, il reste l'évolution. Sur une planète tiède comme la Terre, située à une distance idéale du Soleil, de masse corporelle parfaite, les plus optimistes situent la probabilité d'apparition de vie intelligente à environ 0,01 % (prof. Andrew Watson, *Astrobiology*, mars 2008). On se demande comment le Giec interpréterait cette probabilité ultramince.

de surproduction, de crises – les domaines économiques étant modélisés à outrance. Il est significatif que les mécanismes d'estimation des risques financiers sombrent régulièrement. Pourtant il n'y a là que de la matière humaine, accessible à notre entendement, on peut discuter, comprendre le producteur de bananes et son consommateur. Essayez donc de discuter avec le Gulf Stream ou de corrompre El Niño.

Montrez-le-moi, ce fameux « espace probabilisable fini », si cher à nos annales de maths spé, quand chaque année surviennent des cataclysmes inattendus – tsunamis, tremblements de terre, proliférations microbiennes, sauterelles multirésistantes, krakatoas et santorins ? L'Atlantide a disparu sans que le réchauffement climatique y soit pour rien. Demain, le vieux Vésuve reprendra du service – qui peut prévoir combien d'aérosols et d'âmes humaines seront envoyés dans l'atmosphère et atténueront la lumière du soleil ?

Sans oublier l'imprévisible, l'impondérable, le tourbillonnant Wolfman Jack. Car qu'en est-il de la place de l'humain dans ce potage ?... Que les écolos le veuillent ou non, on fait partie de la nature, c'est même ce qu'on nous reproche – c'est parce qu'on existe que la planète est en danger[1]. Va-t-on

_____

1. Saint Giec : « C'est avec un degré de très haute confiance que l'on peut affirmer que l'effet global moyen

continuer à se multiplier ou choisira-t-on l'option d'une guerre nucléaire ? Que va-t-on inventer, quelles usines, quels médicaments, quelles capotes pour les cent prochaines années ? Que fera l'homme de sa ration de protéines ? Va-t-on vers plus de poils – donc moins de chauffage ? La mode des animaux de compagnie va-t-elle durer[1] ? Bidouillera-t-on son ADN comme on bidouille un évier bouché ?... Je doute que les probas nous éclairent. Faut-il que

---

net des activités humaines depuis 1750 a été le réchauffement » (encadré en gras, page 3). Pas la culture ni la démocratie, pas Einstein ni Mozart, non –, le *réchauffement,* voilà le résultat des deux cents cinquante dernières années de nos activités, souffrances, combats. Le réchauffement !... Minute, saint Giec, pas si vite ! N'est-ce pas la moindre des choses, quand on est un mammifère à sang chaud, que de réchauffer ce qui nous entoure ?

Soyons exhaustifs alors, c'est avec un degré de très haute confiance que l'on peut affirmer que l'effet global moyen net des *baleines* depuis 1750 a été le réchauffement.

C'est avec un degré de très haute confiance que l'on peut affirmer que l'effet global moyen net de l'*ours polaire* depuis 1750 a été le réchauffement.

1. « Pensez à stériliser votre animal » – *365 jours pour sauver la planète (op. cit.).*
Dans la même veine, la Mammal Society m'apprend que chaque année en Grande-Bretagne, les chats domestiques tuent 200 millions de mammifères, 55 millions d'oiseaux et 10 millions de reptiles et d'amphibiens.

l'Histoire soit bizarrement enseignée dans nos écoles pour que l'on puisse trouver une crotte de crédibilité aux projections à vingt, cinquante, voire cent ans du Giec ou de tout autre organisme n'ayant pas de relations privilégiées avec l'au-delà[1].

---

1. À feuilleter absolument pour dessoûler une fois pour toutes des tentations de futuromancie : *America's Best Minds Look 100 Years into the Future on the Occasion of the 1893 World's Columbian Exposition*, réédité en 1992 par American World Geographic Publishing.

On demande à 74 éminences de 1893, dont le secrétaire du Trésor Charles Foster et l'industriel George Westinghouse, de décrire ce que serait le monde un siècle plus tard. Le résultat, on s'en serait douté, est une collection amusante d'idioties, d'utopies et de docte arrogance. Parmi mes préférées : on voyagera comme des lettres par tuyaux pneumatiques, le Canada et le Mexique demanderont à rejoindre l'Union, la pollution n'existera plus [déjà une préoccupation en 1893]. « Le XXe siècle confirmera le triomphe du chemin de fer. » Aucune des découvertes majeures n'est prévue, même en filigrane, même dans le plus doux des délires, ni l'aviation, ni la voiture, ni la télévision, ni l'ordinateur, ni l'énergie nucléaire, ni les antibiotiques, ni le voyage spatial, ni l'autofiction trash. Myopie scientifique, myopie politique. Personne ne s'inquiète de la montée des nationalismes, de la dégénérescence de la Russie, de l'avenir des empires coloniaux, etc. Qu'en conclure, sinon que le futur est hors de portée de l'intelligence?

La question centrale du livre, qui revient, lancinante, dans ces projections futuristes, est de savoir comment les

L'homme s'adapte en permanence. C'est même sa caractéristique première. Quand l'eau monte, il construit des barrages[1]. Quand elle baisse, il creuse des canaux vers la mer et apprend à dessaler. Ce n'est pas seulement son intelligence qui a conquis la planète mais son opiniâtreté, sa capacité à encaisser la souffrance physique et morale. Là où une bête de somme se couche pour crever, l'homme continue de marcher – lisez Chalamov. L'adaptabilité humaine, quel modèle informatique en tient compte ?

Voilà le problème, en deux mots. La science n'a aucun pouvoir divinatoire. À l'inverse de la littérature, comme le savent tous ceux qui ont ouvert Dostoïevski, Kafka, Blok, H.G. Wells et le *science geek* de mon enfance, Jules Verne.

Les camarades sont outrés. Pensez ! Jules Verne et le Giec sur le même plan ! A-t-on jamais entendu pareil délire ? Dans quel siècle vit-on pour donner à la littérature un crédit aussi disproportionné ? Littérature – amuse-gueule des foules, oui, strapontin du cinéma, sûrement, ameublement des longues heures en TGV, mais pas au-delà, soyons sérieux.

---

gens de 1993 vivront le problème de la domesticité (émancipation, devoirs des maîtres et des domestiques, rapports de classe, etc.).

1. Les Hollandais y ont très bien réussi *avec une technologie du XVIe siècle*.

Mon diagnostic se devine sur leurs visages. « Il se la joue artiste, pensent-ils. C'est irrécupérable. » Je connais bien cette expression – mélange de regret désabusé et de fatalité digérée. Vincent avait la même le jour où il a sorti son pull islandais d'une machine à 60°… On fait une croix et l'on se dépêche de passer à autre chose.

— Content d'avoir échangé, dit Rafa.

16.

Où en est l'autofiction ?... Adorée par la critique, gobée par le public, cette ficelle où je me complais en ce moment, à quoi sert-elle ?

À protéger la planète.

Car quand l'écrivain fabrique ses livres avec des bribes de sa vie insignifiante, il recycle. Semblable à la dame du 3ᵉ, escalier C, il attrape l'emballage de ses jours, le compresse, le découpe en morceaux et le fait entrer dans la poubelle de son œuvre. Parfois il a besoin de forcer un peu pour fermer le couvercle.

Misérable est l'écrivain qui se sert de son imagination pour produire des textes nouveaux. Que d'énergie dépensée ! Gâchis de neurones et d'heures de sommeil ! Et dans quel but ? Produire un texte qui ira gonfler la marée des écrits, dont même un libraire consciencieux ne lit qu'un infime pourcentage. Ennui garanti pour l'infortuné(e) compagnon (compagne) de l'écrivain, les amis, la maîtresse, l'amant, qui ont peu de chances de se reconnaître dans les personnages inventés.

L'imagination pousse à la surconsommation.

A contrario, l'écrivain d'autofiction est un écrivain responsable. Il ne perd pas de temps à se documenter : il a tout sur place, au fond du nombril et dans son cul, il n'a qu'à se baisser pour cueillir l'inspiration. Il est autosuffisant, comme ceux qui se lavent à l'eau de pluie et font du compost pour faire pousser leurs radis, leurs courgettes. À chaque instant, l'extase qu'il ressent en se regardant dans le miroir est un moteur suffisant pour le faire avancer, vaincre le doute et la fausse pudibonderie.

C'est au quotidien que l'on doit vaincre l'imagination.

En s'y mettant tous, on fera avancer les choses.

Rien ne se perd, rien ne se crée. Les ordures sont triées. Que l'on soit éditeur à Saint-Germain ou caissière de station-service, toutes les expériences sont bonnes à prendre, chacun peut faire un geste pour l'autofiction. Il y a de l'or dans nos déchets, branlettes, divorces. Il y a de la matière dans la moindre dispute, a fortiori quand l'enjeu est une amitié de vingt-cinq ans.

Prenez mon cas. Je n'ai pas toujours été un mordu de l'autofiction. Il m'arrivait d'en rire. Je fabriquais des poncifs comme « L'imagination est notre seul moyen de battre la vitesse de la lumière[1] » ou « En littérature, on obtient souvent des résultats plus réalistes en maniant l'absurde ou le grotesque qu'en cherchant à "faire vrai". Je me sens plus proche de la commedia dell'arte que de Stanislavski[2] ». Eh bien je suis aujourd'hui confronté à la réalité du réchauffement climatique – celui qui est en bas de chez moi, chez les voisins, chez Vincent. Alors soudain ! le réveil ! le réel ! Une prise de conscience qui me pousse à raconter mon quotidien, mon petit horizon. Je recycle, moi aussi, dans la poubelle blanche des éditions P.O.L. (On fait aussi de l'autofiction quand on trie ses photos de famille avec Picasa.)

---

1. Entretien dans *Elle* (janvier 1998). Recyclé des dizaines de fois, au gré du manque d'inspiration, lors de lectures publiques et de cafés littéraires.

2. Entretien dans *Les Temps modernes* (avril 2004), numéro consacré à l'humanitaire. J'avais l'habitude de recycler cette sentence sans vergogne, jusqu'au jour où je me suis aperçu que les gens ne comprenaient pas ce que je voulais dire. La commedia dell'arte est considérée en France comme un sous-genre folklorique, rangée sur la même étagère que les contes russes ou africains. Qui lit Gozzi aujourd'hui ?...

Dans cette nouvelle approche citoyenne, on me voit sortir de chez Vincent, le soir, après le dîner d'anniversaire, nous sommes le 28 novembre 2009, à Levallois-Perret, on marche vers la Polo grise de ma femme, garée sur une livraison.

— C'était un traquenard, dis-je, comme pour me justifier.

— Tu l'as bien cherché, répond Élisabeth. Tu es capable de pousser les gens dans leurs derniers retranchements. J'en sais quelque chose[1].

Cependant pour la première fois, c'est curieux, je sens comme une ombre de solidarité. Je remarque ses yeux qui brillent, son air décidé (« une torpille, ai-je pensé, une torpille qui s'est verrouillée sur le bruit moteur de sa cible, et qui en éprouve un plaisir intense »).

— Toi, tu as glané une info intéressante, dis-je.

— Et pas qu'une, triomphe-t-elle. J'ai discuté avec Claire. La mèche de Vincent, ce n'est pas de l'azote. Elle est apparue toute seule, en quelques jours, c'est un phénomène naturel.

---

1. Le mari est toujours fautif, vingt-quatre heures sur vingt-quatre, il est coupable au sens métaphysique, il porte sur ses épaules un péché originel. C'est aussi ce qui fait l'intérêt d'avoir un mari, ce pourquoi la femme le tolère, dans sa grande clairvoyance.

Il m'arrive de ruminer ce genre de pensées non dénuées de tendre misogynie.

Moi qui croyais que c'était une crise de jeunisme.

Si ce n'est pas un décolorant, ce serait une mutation peut-être? Un matin, on se réveille et l'on est différent – physiquement. Je serais curieux de connaître le rêve érotique qu'il a fait cette nuit-là [1]...

Soudain, comme une illumination : ce n'est jamais innocent, les cheveux. Leurs racines drainent nos pensées.

Je me tourne vers Élisabeth :

– Vincent s'est transformé de l'intérieur en même temps qu'il mutait de l'extérieur.

La mèche serait un symptôme visible de sa dérive vers la bien-pensance. Un pays change de drapeau quand il s'invente une nouvelle vision du monde. Il est né un autre homme, du jour au lendemain. Dès cet instant, des barbelés mous se sont

---

1. Plus tard, en discutant avec mon médecin de famille, j'apprendrai qu'il existe un trouble de la pigmentation appelé piebaldisme ou « maladie de l'homme pie », d'origine génétique, se traduisant par une mèche blanche frontale, visible dès la naissance dans la plupart des cas – pas chez Vincent, à moins qu'il ne l'ait teinte pendant toutes ces années. Il est possible (*dixit* mon médecin) qu'un déséquilibre de la thyroïde, une syphilis, une allergie à un shampooing ou un choc psychologique produise ce genre de blanchissement rapide chez un sujet prédisposé.

déployés entre nous, on a cessé d'avoir de la sympathie l'un pour l'autre.

— Mais ce n'est pas tout, poursuit Élisabeth. Ce Rafa, tu me suis?, ce Rafa, c'est l'auteur anonyme de *Libé*.

— Ma bébête, tu déconnes.

Mais non, elle ne plaisante pas.

— Ça me trottait dans la tête : rafa, rafa, rafa... Alors j'ai demandé à Claire, c'est quoi son nom de famille?... Elle me dit Dandeloi, avec un *D*. J'ai fait le rapprochement tout de suite. Rafa = raphael_d. C'est un *sniper* engagé dès le début pour te flinguer en plein vol.

Que cette preuve de la trahison de Vincent puisse être bancale ne m'effleure pas un instant.

On s'arrête dans la nuit, au feu rouge.

17.

Par ailleurs j'ai beaucoup d'amis[1].

Je me sens obligé de le préciser car je ne voudrais pas qu'il y ait de malentendu et que l'on me prenne pour un autiste, un marginal ou un architecte dans sa tour de Pise.

Non que je me soucie de paraître ceci ou cela, mais quand même.

J'ai beaucoup d'amis[2] par ailleurs, disais-je, sans que mes opinions,

---

1. La preuve : Géraud, Armelle, Laurent, Muriel, Morten, Eléna, Nicolas, Marianne, Saïd, Marc, Jérôme, Graham, Éric, Assya, Vadim, Xenia, Isabelle, Xavier – pour ne citer que ceux de la génération *Pif Gadget*.

2. Je ne parle pas ici des amitiés intéressées que je cultive.

Avec eux, je ne m'autocensure pas vraiment, même si,

Il m'arrive, avec la plupart de mes amis, d'aborder des sujets délicats qui mettent parfois mal à l'aise : la religion, la Collaboration, l'art contemporain, etc. La polémique ne me répugne pas. On ne peut tout de même pas mastiquer le dernier Tarantino tout le temps !

Mes amis ne sont pas des caniches dociles. Ils ne se contentent pas de sourire en buvant du vin. Personne n'applaudit quand je finis de parler. Mes amis aiment à penser qu'ils sont indépendants dans leurs jugements. Il leur arrive de couper mes monologues sans prendre de pincettes. Je fais semblant de les écouter : on peut tout à fait avoir des opinions différentes des miennes – je suis un tyran qui sait se tenir, comme ces roitelets africains sortis d'Oxford.

Je dois agacer, quand je m'y mets, et c'est réciproque[1].

La discussion peut être enlevée, sans pour autant quitter les rails de la civilisation. Il m'arrive de m'excuser quand j'ai été maladroit au point de blesser.

---

1. « Le Capricorne n'est pas très sociable ni complaisant. Il serait assez porté à susciter la discorde parmi ses relations. » (Henri Gouchon, *Dictionnaire astrologique*.)

On peut se détester ainsi pendant cinq, dix minutes, puis redescendre au moment du dessert vers la morne plaine de l'actualité culturelle.

Alors on parle d'autre chose.

Au fait, le dernier Tarantino?...

La plupart de mes amis ont entendu parler de Vincent, sans le rencontrer vraiment. Il est possible que les plus anciens l'aient croisé à notre mariage. Plus récemment, certains ont pu l'apercevoir au dîner géant pour mes quarante ans.

Mes amis ne se fréquentent pas entre eux (ou très peu). Dès lors, la disparition de Vincent n'a eu aucun effet. En six mois, personne ne m'a demandé de ses nouvelles. Quant à moi, je n'ai rien dit à personne. C'était comme s'il était encore parmi nous.

Aucun effet – ce n'est pas entièrement vrai. J'ai plus de temps libre, pour mes amis, notamment.

Au risque de paraître mesquin,

L'âge mûr est celui où l'on se met à compter les week-ends,

Les soirées n'étant pas extensibles,

Levallois-Perret, un vendredi vers 20 heures, quand on allait dîner chez Vincent, ce n'était pas non plus la porte à côté,

Ainsi la veuve prenant conscience de menus plaisirs à vivre seule, ainsi je jouissais des petits avantages de la vie sans Vincent.

Je mentirais si je disais, à la manière des poètes du métro, que j'ai parfois l'impression de le croiser à Mouffetard ou au Forum des Halles. Mais quand mes pas me mènent à Levallois-Perret (ce n'est pas si fréquent, heureusement), je revois sa mèche décolorée, sa démarche légèrement sautillante. Je sais que cette ville et Vincent seront liés jusqu'à la fin de mes jours, comme la maison de la Radio est imprégnée de Michel R., mort d'un cancer, et Bourg-la-Reine de Nicolas K., dézingué par un infarctus.

Hélas, Vincent n'a pas besoin de la station Louise-Michel pour sautiller dans mes pensées. Il suffit que j'ouvre le journal. « Le compostage favorise le lien social et crée un nouvel art de vivre en ville[1] » – il est là, Vincent, il me fait de l'œil.

---

1. François Dagnaud, adjoint au maire de Paris, à propos des bacs de compostage installés au pied des immeubles dans le XXe (*Direct Matin*, mai 2010).

Décidément, la semaine est au compost. Tract dans ma boîte aux lettres : « Le lombri-compostage, arrêtons de gaspiller nos déchets !... L'avantage des vers dans un composteur : 100 % de réussite de votre compost. Permet d'obtenir un compost sans retournement manuel. Offre aux pêcheurs des appâts toute l'année. » Suit un bon de commande. Pour 66 € TTC, je peux commander un kilo de lombrics, « soit 2 000 individus environ, livraison colissimo comprise ».

Quand mon chat est malade, un autre Vincent, dans la salle d'attente du vétérinaire, pointe son index : « Source de contamination des sols et de pollution olfactive, les excréments de votre animal doivent être ramassés. »

Un troisième Vincent me sermonne sur ma facture Orange d'un « Ensemble préservons l'environnement » déplacé et tartuffe[1].

J'allume la télé – Vincent, dans une débauche de langage grandiloquent dont il a le secret : « Dans quelques mois, à Copenhague, le monde aura rendez-vous avec son avenir[2]. »

Partout où je vais – Vincent.

---

1. À l'heure de l'étrange épidémie de suicides chez ses salariés, il est piquant de découvrir le troc entre Orange et le WWF, se concrétisant par un logo-panda sur les factures de téléphone en échange d'un chèque de 200 000 euros versés à l'association. (Source : site institutionnel d'Orange, rubrique « responsabilité ».)

Nous avons donc aujourd'hui une foire à la bonne conscience, avec des clients qui en cherchent et des fournisseurs qui répondent aux besoins, le tout obéissant à la loi de l'offre et de la demande, comme pour le dentifrice, ce qui permet d'en fixer le prix. Il semble cependant que le marché de la bien-pensance réponde davantage à la loi de Say (l'offre crée sa propre demande) qu'au réalisme désabusé de Keynes (« à long terme, nous serons tous morts »).

2. Jean-Louis Borloo, interviewé par Erik Orsenna (septembre 2009).

Qu'ai-je fait pour qu'il vienne me hanter?... Est-ce pour se venger de la manière que j'ai eue de lui casser les oreilles, tel Claudius au roi Hamlet, en y versant le poison de ma dérision contre ses envies de conformisme?

La tranquillité, c'est tout ce dont a besoin l'homme quand il prend conscience du cap de la cinquantaine. Une mer d'huile où l'on peut enfin souffler après les tourments et les déceptions de la jeunesse. Une stabilité des idées, avec un but clair, si possible, pour que les convictions se reposent. On a besoin de rails bien droits. C'est l'âge où les grenouilles de bénitier se noient définitivement, où les komsomols tournent apparatchik, où les femmes se mettent à manger des graines – le premier stade de la vieuconisation. Comment supporter que l'on nous agresse dans cette étape si importante pour notre équilibre?

La mollesse intellectuelle est source d'oméga 3. (Si « mollesse » paraît péjoratif et n'est pas très vendeur, disons « confort », gage de sérénité et de bons fluides.) Comme la peau devient souple quand on sait enfin où est notre chapelle! Les muscles retrouvent du ressort. Le regard est droit. On sait enfin pourquoi on se lève, pourquoi on se rase, pourquoi on nourrit ce corps qui n'est plus vraiment un objet de séduction mais un radeau de la Méduse que l'on rafistole.

Quand la santé est en jeu, il ne faut pas hésiter. Une semaine après le fameux anniversaire, je décide de ne plus appeler Vincent. Plus de mails non plus. Comme si j'étais débordé. Mettre en veilleuse cette relation avariée.

Le monde est bien fait. Appelez ça transmission de pensée ou coïncidence, mais au même moment Vincent fait le même raisonnement. Par l'intermédiaire d'Élisabeth, qui maintient avec Claire une (faible) liaison radio, j'apprends ainsi qu'il serait « sous l'eau ». Il passerait son temps « en déplacement à l'extérieur », « charrette » sur un tas de « chantiers passionnants ». Il aurait des clients à Nanterre, à Saint-Cloud. « Il n'a jamais autant voyagé. »

18.

– Il faut comprimer, mon bon monsieur!

Ma voisine du 3e, escalier C, passe à l'attaque.

Nous sommes un mercredi, jour de recueille-ment où l'on boucle la poubelle jaune, celle des recyclables, avant de la mettre dehors le lendemain, jeudi, jour du Seigneur.

Par bêtise, j'ai traîné dans le hall, et me voilà coincé.

– Il faut comprimer vos cartons, parce que... On comprime, on broie, on recycle.

– C'est ce que je fais toujours, madame V., bonne journée.

Mais on ne me lâche pas pour autant, oh non! Sa voix vindicative s'accroche à mes basques, m'entraîne vers les poubelles, son temple :

– Quelqu'un a jeté un gros emballage dans la poubelle verte, voyez, quelqu'un n'a pas été civique, résultat : ça ne sera pas recyclé. Ça fera autant d'arbres coupés, d'usines qui tourneront pour rien. Mais ça, quelqu'un n'en a que faire, évidemment.

Sans avouer que c'est moi, je compatis :

– Ah ben ça, madame V. !

Je remarque alors qu'il y a mon nom sur le carton : le bordereau de livraison Fnac [c'est un lecteur DVD Samsung]. Pénible moment où l'on se sent englué sur du papier tue-mouche.

– C'est que... on n'a pas toujours le temps... et je pensais... j'ai hésité avec la poubelle jaune... mais je me suis dit, un si gros carton, je croyais...

Quel cancre je fais !

– Évidemment qu'il est gros, votre carton, si vous ne comprimez pas !

Je n'ai plus d'autre choix que de reprendre mon déchet.

Il est là par terre, devant moi.

Une grosse boîte vide, couverte de bandes adhésives.

Je n'ai pas le courage, non, la force nietzschéenne de tourner le dos à la société.

Rouge de honte, perlant à grosses gouttes le dégoût envers moi-même, je me mets à écraser le symbole de ma faiblesse.

La voisine, savourant son pouvoir, s'attendrit :

– Oh ce n'est pas la peine de les faire si petits, les morceaux. C'est déjà bien, c'est déjà très bien.

C'est mal me connaître. Quand je commence quelque chose, je peux devenir comme enragé. Je ne me contente pas de la facilité – surtout que c'est ma propre personne que j'écrase, que je malaxe, que je déchire. La grève du zèle, appliquée au recyclage. C'est en milliers de morceaux qu'elle l'aura, sa boîte !

Voyez le monstre.

Mais ce n'est pas tout. Ma nature malfaisante ne s'arrête pas au carton. Il y a le papier, le papier des livres. J'aime les livres. Non seulement ils se recyclent moins bien que le papier journal[1], mais leur empreinte carbone est terrifiante. Il faut les imprimer, les transporter aux quatre coins de la France, renvoyer les invendus, passer au pilon : carbone, carbone, carbone, carbone. Ils salissent tout sur leur passage. Les livres compromettent la survie

---

1. « Certaines entreprises de recyclage conseillent de ne pas placer de livres dans les containers, au motif que certains éléments nuisent à la chaîne de recyclage. Le plus simple nous paraît être de contacter directement ces entreprises, afin de connaître précisément les objets à même d'être intégrés dans leur processus de récupération des matières. » (Les Éditions Bordas, brochure *Bordas apprend à protéger la planète*, chapitre « La récupération des livres en fin de vie : gestion responsable des déchets ».)

des générations futures, et c'est pour ça que je les aime.

J'aime les livres. Quand on pense à tous ces arbres que l'on a réduits en chair à pâté! Et l'encre, dérivée du pétrole, que les imprimeurs déversent par tonnes dans des écrits comme celui-ci. Et la colle de la reliure! Et le pelliculage des couvertures « Folio »! Et le papier glacé des Taschen!

J'aime aussi les livres reliés plein cuir, en peau de veau, daim ou autruche.

Ça ne me dérange pas que l'on tue des requins du Groenland et des raies pour faire du galuchat, tant que c'est pour orner l'œuvre de Pierre Louÿs, de Pierre Legrain ou de Paul Iribe.

Si j'étais éditeur, je refuserais d'imprimer sur du recyclé. Pour le p.q. ou le rapport annuel d'Areva, le recyclé fait l'affaire. Mais pour un livre! C'est admettre que le livre est jetable *par essence*, comme le p.q. ou le rapport annuel d'Areva, c'est dire qu'il est consubstantiel au pneu, recyclable lui aussi, que sa finalité est de revenir dans le bac à ordures d'où il est né.

La culture du livre, à commencer par sa fabrication, le savoir-faire des relieurs, des imprimeurs, pour ne prendre que cette culture-là, est plus précieuse que l'ours polaire, priez pour lui.

L'art maori, pour ne prendre que cet art-là, est plus précieux que les moas, paix à leur âme.

155

Voyez le monstre. Voyez à quoi il pense, vautré sous ses étagères remplies de « culture ». Voyez sa complaisance, sa pensée nauséabonde ! C'est à cause de pervers dans son genre que l'avenir est menacé. Regardez-le qui montre ses crocs ! Il ne veut pas admettre qu'il est un animal, le pleutre, il se cramponne à son humanité à la con[1] !

Eh oui.

La culture est une gueule cassée. Pour les troubadours de l'éco-responsabilité, il faut l'oublier, ne

---

1. Écoutons l'avocat du diable. Si je suis un animal, ce que je ne nie pas forcément, surtout quand vient le printemps et que mon regard tombe sur certaines formes propres aux femelles de mon espèce, alors prière de respecter mes instincts comme on respecte ceux de l'ours polaire quand il plante ses dents dans un bébé phoque. Il se fiche pas mal, l'ours, du classement de ce qu'il mange au tableau de conservation de l'IUCN, alors pourquoi devrais-je, moi, prendre des gants avec la Nature, être plus royaliste que l'ours polaire, le plus grand des carnivores, si je suis, moi aussi, à mon modeste niveau, un animal qui bouffe et se reproduit ?...

L'aigle géant de Haast, aujourd'hui éteint, a dîné lui aussi à la table des moas, contribuant à leur déclin. Pourtant on ne lui reproche rien, au contraire, on le prend en sympathie – il était si grand, si fort ! –, alors qu'il lui arrivait d'emporter des enfants maoris... J'aimerais bien que l'espèce *Homo sapiens* bénéficie de la même tolérance. Et que les abonnés de *National Geographic* respectent notre culture au moins autant qu'ils admirent le cou de la girafe, la corne du rhinocéros et l'appareil reproducteur de la libellule.

pas en parler, la mettre de côté. Nulle et non avenue, la culture. Dans les accomplissements humains, elle vient loin derrière la capote et les congés payés. Hors sujet, la culture! Le plus consternant dans *Home*, ce ne sont ni les poncifs écolo-guimauve ni le paternalisme de char d'assaut, mais le parti pris d'ignorer totalement l'art (sous quelque forme que ce soit) dans le bilan des 200 000 années que l'homme se démène ici-bas. Le Chrysler building que survole l'hélicoptère, loin de montrer une des plus belles réalisations de l'architecture, symbolise au contraire l'extension effrénée des villes, la gangrène monstrueuse que nous sommes.

L'homme souille la Nature et la culture est complice. Pleurniche l'historien Clive Ponting dans *Le Viol de la Terre* [2000] : « Au temps de l'Ancien Empire, les éléphants, rhinocéros et girafes avaient disparu de la vallée du Nil. » Tambourine Al Gore : « Notre système écologique est soumis à de terribles contraintes, comme s'il s'écrasait sur la surface d'une civilisation dont l'accélération a échappé à tout contrôle[1]. » Salauds d'Égyptiens!

---

1. Dans *Earth in the Balance*, j'aime aussi celle-là, avec toujours l'idée du pot de fer contre le pot de terre : « Quand la mer d'Aral s'assèche et que sa faune se meurt, c'est comme si son fragile écosystème était écrasé par la force de la civilisation. » Al Gore oublie un mot qui change tout. Civilisation *soviétique* est juste, civilisation *tout court*

Pourriture de civilisation! Qu'avez-vous fait du jardin d'Éden?

En filigrane, toujours cette volonté de réduire l'homme à un parasite. Celui qui détruit. Celui qui profite. L'égoïste. Le vampire.

L'art, la culture, sont les ennemis de la chair de poule écolo aussi sûrement que l'eau est le contraire du mercure. C'est que la culture distrait l'homme de la grande frousse, elle lui permet d'oublier le néant, de comprendre ce qu'il a de génial et de banal, de s'aimer tel qu'il est, sans indulgence ni masochisme – et, occasionnellement, de surmonter les épreuves, voire de survivre aux abominations, comme l'a montré la *Symphonie n° 7* de Chostakovitch pendant le siège de Leningrad. La chair de poule ne peut accepter pareille récréation. C'est contraire à l'idée qu'elle se fait de la nature humaine, c'est mettre en cause la portée universelle de son objectif[1].

---

est de la diffamation. Le désastre de la mer d'Aral est une conséquence directe et sans équivoque de la construction de barrages irrigateurs sur l'Amou-Daria et le Syr-Daria, ordonnés par Staline et poursuivis par Khrouchtchev, pour développer la monoculture du coton dans les fermes collectives de l'Ouzbékistan et du Kazakhstan.

1. Il arrive que des intellectuels en souffrance face à la dichotomie écologie-culture (ou simples opportunistes), essaient maladroitement de jeter des ponts, ou plus exactement d'embrigader l'art au service de la noble cause. Ces

Quelle place réserve-t-on à la culture dans un monde où règne l'hystérie absolue d'un but suprême ?... où l'on brame que « c'est à une réinitialisation de nos processus mentaux qu'il faut procéder » (Nicolas Hulot, *Pour un pacte écologique*) ?...

_____

tentatives de marier la carpe et le lapin produisent des éco-artistes contemporains, des éco-poètes, et même des éco-critiques littéraires, capables d'écrire des bouffonneries telles que : « J'ai conscience et je ressens la force durable de l'écriture de Jean-Marie Le Clézio. » (Véronique Giorgiutti, *Écologie & Politique*, 2008.)

Tout aussi galvanisée, l'éco-artiste Erica Fielder se définit ainsi : « L'éthique environnementale est constamment présente à mon esprit. J'ai créé une grille d'analyse à travers laquelle je passe toutes mes actions avant de passer à l'acte. »

Moins drôle, plus cérébro-adipeuse, Nathalie Blanc, pelle-pioche au CNRS et juré au prix COAL (Coalition pour l'art et le développement durable) : « L'art ne se limite pas à l'art mais comprend l'esthétique environnementale. » Plus loin : « Se pose la question de la stratégie de mise en œuvre d'une esthétique environnementale qui ne concerne plus simplement la littérature, la poésie ou les arts plastiques, mais plus globalement, la réarticulation nature-culture [*wat da fuck*?!] ancrée dans la ou les cultures populaires. » (*Écologie & Politique*, 2008.)

[À titre d'information, le prix COAL 2010 a été attribué à Thierry Boutonnier, un plasticien lyonnais de vingt-neuf ans, pour la création « d'un lieu écologique de concertation » à l'intention des habitants d'un quartier dit « sensible ». « Ma volonté est de créer un geste citoyen », a déclaré sobrement le lauréat.]

Quel trou à rat reste-t-il à l'art quand « par-dessus les clivages partisans, par-dessus les notions de droite et de gauche, par-dessus les mérites respectifs de la régulation face au marché, de la social-démocratie face au libéralisme, la prise en compte de l'environnement s'établit comme un horizon qui s'impose à tous », pour citer un tribun exalté[1] ?

L'art, ce médicament individualiste, qui permet à chacun de construire son propre système de coordonnées, de bâtir sa propre caisse à outils pour affronter les grands mystères de la vie à travers ses goûts et dégoûts personnels, ne peut être que méprisé par ceux qui souhaitent voir fermenter une mixture standardisée dans tous les ventres, dans toutes les consciences[2]. Car il est entendu que

---

1. Stéphane Madaule, *Libération* (juillet 2009).

2. La novlangue de l'éco-responsabilité est un meuble Ikea rempli de formules toutes faites répétées jusqu'à la nausée, dont Alice de Bauer, directrice de l'environnement chez Renault, donne un échantillon enthousiaste : « Mon conseil éco-geste ?... Mon conseil éco-geste est de penser chaque jour à la réalisation de tous ces petits gestes pour l'environnement, car c'est la réalisation de tous ces petits gestes au quotidien, à plusieurs, qui permettra de protéger la planète ! »
Un chapelet de verbiage n'est jamais innocent. Je le soupçonne de masquer l'inefficacité totale de ces « petits gestes » pour la cause sainte, en termes de bilan énergétique,

l'écologie est une obligation *collective,* unissant dans un effort commun le jeune et le vieux, le malade et le bien-portant, l'obsédé et le chaste, le bac moins cinq et le normalien, le riche et le pauvre, le chauve et le poilu, par-delà nos différences de culture, de bêtise et de libido.

Telle est la position de l'Assemblée nationale, qui a validé par 531 voix contre 23, la Charte constitutionnelle de l'environnement (février 2005), un texte placé au même niveau que les droits de l'homme dans la Constitution de la Ve République, et dont je ne peux m'empêcher de reproduire un *best of* comme on ressasse un mauvais rêve pour en comprendre les effrayantes volutes :

« Le peuple français proclame [sautons l'ornement du préambule] :

Article 2. Toute personne a le devoir de prendre part à la préservation et à l'amélioration de l'environnement. [...]

Article 4. Toute personne doit contribuer à la réparation des dommages qu'elle cause à l'envi-

économique et gazeux, sans même parler du temps perdu. Petit garçon, mon père avait une stratégie comparable quand il restait seul à la maison et qu'il devait entrer dans une pièce sombre, potentiellement peuplée de monstres. Il essayait de faire le plus de bruit possible, et, la main sur la poignée de porte, il annonçait la couleur : « Nous sommes 200 000 guerriers ! Nous sommes 200 000 guerriers ! »

ronnement, dans les conditions définies par la loi.
[...]

Article 8. L'éducation et la formation à l'environnement doivent contribuer à l'exercice des droits et des devoirs définis par la présente charte.

[Finissons sur une envolée ampoulée.]

Article 10. La présente charte inspire l'action européenne et internationale de la France. »

Le peuple a parlé. Le trémolo dans le pompeux franchouillard n'a d'égal que le flou des propositions. Soit elles sont inapplicables – et s'apparenteraient alors à une pose –, soit parfaitement calibrées pour bâtir une utopie totalitaire. Car comment définit-on ce fameux « dommage à l'environnement »?... Est-ce que le fait de rouler en voiture, de manger, de se reproduire, n'est pas déjà, quand on y pense, un « dommage à l'environnement »?... Et écrire ce livre, n'est-ce pas porter atteinte délibérément à l'esprit de l'article 8, celui où l'on admet que le lavage de cerveau « doit contribuer » à la nouvelle hygiène de vie?... Enfin, comment interpréter ce « toute personne a le devoir » autrement que comme une contrainte, supposant un organisme de contrôle et de sanction pour ceux qui ne rempliraient pas ce « devoir »?

Allons, allons. Quelle drôle d'idée. On ne va pas se mettre dans tous nos états pour un petit texte constitutionnel de rien du tout. Nous sommes en France. On va se dire que jamais la chose ne sera appliquée à la lettre. De l'agitation politicienne que tout cela, de l'opportunisme politique, du vent. Parade militaire n'est pas guerre.

Il n'empêche que, dix jours plus tard, je reviens avec quelques achats du Salon du vigneron indépendant. Je range les bouteilles et descends les cartons vides. Nous sommes au milieu de l'après-midi et ma voisine peut surgir à n'importe quel moment. Je déchire les rabats, puis je comprime trois boîtes que je mets là où me l'indique ma conscience citoyenne. À la quatrième, je m'ouvre la paume avec une agrafe. Rien de grave, mais je comprends le message. Malgré une bonne volonté évidente et l'envie de bien faire, mon geste pour la planète n'a pas été apprécié des étoiles. « Putain de déchet, ai-je pensé. Tu mords la main qui te comprime ?... »

Je ne me suis pas embêté avec le cinquième carton. Poubelle ordinaire – et dégagez !

19.

Que serait un temple sans ses marchands?...
Sans les vendeurs de cartes postales, de cierges,
d'icônes, de reliques, sans les fournisseurs, les fabri-
cants de soutanes, accordeurs de cloches, imprimeurs de missels, sans l'architecte, le menuisier, le
couvreur, le réparateur de vitrages, sans le pauvre
bougre qui demande l'aumône à la sortie de l'office,
sans cette foule de petits et grands commerçants,
le temple serait un lieu vide, sans chaleur, décon-
necté du réel et de ses contingences, aussi ascétique
qu'un problème de mathématiques, aussi théorique
qu'un pucelage Miss France.

Ajoutez à cela que les marchands sont les
plus zélés des croyants. Tous les jours, leur foi
les récompense en bienfaits matériels tout à fait
concrets, et réciproquement, les bons bénéfices

confortent la prise de conscience morale. Une harmonie s'installe. Le commerce est le meilleur pilier du sacré.

À vouloir briser cet écosystème, Jésus-Christ s'est retrouvé sur la croix.

Le salon « Planète durable »[1], où je traîne mes guêtres, est un concentré de commerce. Une gigantesque boutique comme on en voit à Lourdes, où l'on trouve tout pour le croyant et le fraîchement converti, doublée d'une usine à attraper le païen, à le « sensibiliser », encore et toujours, pour en faire un homme nouveau, ou plus précisément, un consommateur nouveau.

Les deux tiers des 125 exposants sont des points de vente. On y trouve de l'alimentation, des cosmétiques, des voitures, des objets de décoration intérieure, des matériaux de construction, des produits bancaires, des journaux, des voyages.

Je suis surpris d'y découvrir Franprix, le Club Med, Fiat, la Banque Postale et l'hebdomadaire *Marianne*.

Tous sont en quête de nouveaux débouchés. Personne ne veut laisser passer le train[2].

---

1. Placé à la porte de Versailles « sous le haut patronage de la République française ».

2. Surtout pas la SNCF, présente au stand A19, avec le slogan : « Prendre le train, voilà une idée simple pour lut-

Les autres exposants sont des collectivités et des ministères qui font de la retape. Quelques associations (dont Greenpeace) promettent, selon leur humeur, le salut éternel ou la damnation.

En couverture de la brochure officielle, un beau couple avec deux enfants calibrés rappelle un prospectus de plan d'épargne logement.

À l'intérieur, dans les allées, c'est la foire aux bonnes affaires.

Sandales écologiques en pneu recyclé, marque Mitta, origine Vietnam, 39 euros.

Chaussettes en bambou, 2 paires, 12 euros au lieu de 15. (Brochure explicative : « Pourquoi du bambou ?... Le bambou respecte bien notre environnement. En choisissant ce produit à la mode et de grande qualité, vous ferez en même temps un geste pour le développement durable. »)

Livre *Téléphone portable : gadget de destruction massive*, éditions L'Échappée, 128 pages, 7 euros [1].

---

ter contre le réchauffement climatique ». Luttons, luttons. Dans le cadre du noble objectif, ne pas partir en vacances et rester devant la télé, c'est encore mieux, n'en déplaise à la SNCF. Osons alors « Les émissions Endemol, un choix responsable pour maîtriser le CO_2 ».

1. Le comble du commerce écolo ne se trouve pas à Versailles mais à West Footscay (Australie), siège de Caskets Direct [« Direct Cercueil »], une entreprise de services

Quittons l'artisanat, place aux entreprises. En grande pompe, Nestlé m'informe que Nespresso « relève le défi du recyclage et met en place une filière spécifique pour traiter 75 % de ses capsules d'ici 2013 ». Je tique un peu – je suis client Nespresso[1].

---

funéraircs en ligne. Sur leur page de présentation, on se pince et on lit ceci :

« Pour chaque cercueil produit, nous achetons des crédits carbone chez Positive Climate [un dealer de compensation]. Nous compensons ainsi aussi bien la fabrication que le transport. Dans notre offre, nous avons un cercueil durable en pin australien, issu de plantations 100 % responsables, et nous utilisons des colles et des laques respectueuses de l'environnement. Nous pensons qu'un produit réellement durable doit être fait localement, à partir de matériaux locaux. La durabilité est un processus global, et nous sommes fiers de proposer un cercueil véritablement durable à nos clients. »

1. En tant que membre du club Nespresso, Élisabeth reçoit de temps en temps le magazine *N*, sorte de *Vogue Hommes* composé exclusivement de publi-rédactionnels lourdingues et de publicités pour montres de luxe. Le n° 14 (printemps-été 2010) a mis le VIP Alain Ducasse en couverture.

Un papier m'y informe qu'un certain Mike Horn, « aventurier responsable », a eu l'idée de construire la coque de son bateau en aluminium – le matériau des capsules Nespresso – et de le proclamer « recyclable ». L'astucieux chercheur d'or a trouvé le chemin vers les poches de Nestlé, devenu sponsor de son tour du monde : « Je peux découper

À côté, ce sont les assureurs qui prétendent « se positionner en tant qu'acteurs responsables du développement durable » dans une charte de trois pages.

On baigne dans une incontinence de bonnes intentions. Les entreprises s'engagent. Relèvent les défis. Vont toujours plus loin. Créent une dynamique. Se fixent des objectifs ambitieux. Dépassent. S'améliorent. Et sensibilisent, bien sûr.

Tout ce monde est gentil-sympa, sucré-mielleux. Ils sont souriants et optimistes, ce sont des commerciaux.

Qu'est-ce que je fais ici?

Est-ce l'absence de Vincent qui me pousse à retrouver un peu de son univers?... Allez savoir. Un matin, on ouvre le journal, on voit qu'il y a salon, et l'on se précipite. Impossible de résister.

Je suis une taupe.

Je me balade parmi les hommes d'affaires, je fais semblant de m'intéresser à leur camelote, mon

---

mon bateau, en faire des capsules, puis avec des capsules refaire un bateau. » Pour crédibiliser davantage l'opération de RP et la faire durer, des jeunes gens vont embarquer avec Mike Horn « pour apprendre à évaluer leur impact sur les éléments ». « Douze grandes étapes ont été sélectionnées en fonction de leur beauté sauvage », détaille-t-on chez Nestlé. L'article suivant est consacré à la technique de la divination dans le marc de café.

excitation est cérébrale et narcissique, je suis comme un exhibitionniste à la sortie d'une école. J'ai le sentiment de ne pas être à ma place et j'en tire une jouissance.

Je suis un sous-marin snob.

Je m'arrête au stand Fémininbio.com, sponsorisé par les produits de beauté Weleda. Le mot *green dating* m'attire. « Oh mais ce n'est pas du tout ce que vous croyez », s'agace une commerciale. Rien à voir avec un plan drague pour écolos célibataires. « C'est entre femmes que ça se passe. » Ah d'accord, je fais. Je comprends, je comprends. Entre femmes.... Je vois ça... J'imagine... Tourné comme je suis... Leur slogan le confirme : « Vous êtes une bio, débutante ou convaincue ?... Rejoignez vite le réseau *green dating* entre copines ! » Quand je fais remarquer l'ambiguïté du texte, très espiègle à mon goût, je sens que l'on s'énerve pour de bon[1]. « Mais d'où il sort ? » s'exaspère-t-on derrière mon dos sans faire l'effort de baisser la voix. Car, ô misère ! il n'y a rien de lesbien, a priori, dans le *green dating*.

---

1. Je le savais pourtant que le double sens et l'humour sont absolument honnis de l'univers DD. La seule fantaisie tolérée est l'humour « pédagogique », façon blague à Toto. Premier alpiniste, les pieds dans une flaque : « Alors il est où ce glacier en voie de disparition ? » Deuxième alpiniste : « Trop tard, vous venez de marcher dessus. » (Dessin humoristique, brochure *Planète mode d'emploi*.)

169

Ce sont des réunions Tupperware où l'on s'échange des astuces sur les jouets en carton à faire soi-même, le potager bio et le « relooking écolo ». «Vous êtes une bio », elles écrivent ça naturellement, elles ne pensent pas à mal.

Nous sommes des extraterrestres l'un pour l'autre.

Un peu plus loin, un énorme stand GDF Suez, le parrain. Quand ce ne sont pas des produits, c'est de l'« institutionnel » que l'on vend. Les entreprises sont vertes, qu'on se le dise![1] En quelques années

---

1. Le Medef édite et distribue le magazine *Valeurs vertes* [une référence inconsciente au dollar?], compilation de bavardage et de déclarations consensuelles. Échantillon : « Promouvoir le développement durable de nos entreprises, ce n'est pas une option, c'est une nécessité » (Laurence Parisot, présidente du Medef), « La dynamique initiée par le Grenelle ne doit pas retomber » (Sophie Liger-Tessier, directeur DD du Medef), « Airbus va encore plus loin en intégrant l'environnement au cœur de sa stratégie de développement, en s'engageant résolument vers l'amélioration de ses performances environnementales globales » (Bruno Costes, directeur environnement Airbus Industrie), etc.

Il est probable que tous ces managers ont eu entre les mains l'étude fondamentale du groupe Eurostaf - *Les Échos* intitulée « Intégrer le développement durable à la stratégie d'entreprise » (2005), où l'on trouve cette conclusion, encadrée en gras, d'une franchise désarmante : «La démarche RSE [Responsabilité Sociale et Environnementale ou Responsabi-

à peine, le *greenwashing* a fait d'immenses progrès. Il n'est plus question de se proclamer « durable », « responsable », « sociétal » sans la moindre preuve. Des associations y veillent, s'indignent, dénoncent, boycottent. Pour éviter ces désagréments, mais aussi pour s'ouvrir des portes commerciales, les entreprises futées s'achètent des blindages certifiés : en finançant des partenariats avec des ONG, elles gagnent le droit d'utiliser sigles et rhétorique, la sainte aura d'un WWF ou du FSC[1].

---

lité Sociétale des Entreprises] n'est pas philanthropique. Elle s'inscrit dans la stratégie business de l'entreprise. » Plus loin : « La RSE est un facteur de motivation des collaborateurs : l'intégration des enjeux du DD dans les métiers et les pratiques professionnelles implique les collaborateurs autour de valeurs fédératrices qui donnent *davantage de sens à leur travail au quotidien* » (c'est moi qui souligne). Autrement dit, le DD peut être astucieusement greffé sur n'importe quelle tâche ou sous-tâche, n'importe quel métier de n'importe quelle entreprise. Il donne un surplus de peps aux neurones fatigués des salariés, usés par leurs occupations globalement insatisfaisantes. Partant de là, le DD est un stimulant *rentable* : c'est à ce titre qu'on lui dédie un rapport Eurostaf et à ce titre seulement. Il prend dignement sa place dans la collection « Management stratégique », aux côtés de titres comme « Le sponsoring sportif » ou « Impliquer les managers dans la communication ».

1. En langage du milieu, on serait tenté d'employer les mots « toit », « protection », « Alphonse ». En langage d'entreprise on dit « partenariat gagnant-gagnant ». La manœuvre est

Un comité, les « experts verts », comme ils s'appellent eux-mêmes non sans morgue, examine la sincérité de chaque exposant, dans une démarche rappelant l'ordination des prêtres. On veille à ce que les exposants soient purs dans leurs intentions et présentent les garanties énoncées au paragraphe précédent.

Dans une sorte de mise en abyme qui fait penser à Beckett – ou aux Shadoks –, le salon réalise son bilan carbone et compense ses émissions en plantant des arbres au Pérou.

Toute cette agitation commerciale, ces nouvelles méthodes de vente, ces argumentaires à base de professions de foi… et les emplois qui vont avec… Sortis du néant en quelques années, tous ces postes de formateurs, d'animateurs, de professeurs, pour « sensibiliser » toujours plus. Tous ces petits soldats qui rédigent, diffusent, contrôlent les nouvelles normes comportementales. Tous ces pigistes de chartes, de slogans, d'engagements. Tous ces communicants, vendeurs d'espaces publicitaires, stratèges RP, organisateurs de salons, consultants chez Ernst & Young[1], directeurs de DD…

---

effectuée dans l'enthousiasme, elle est accompagnée d'une bonne dose de communication interne et de clairons RP. Un racket volontaire est-il encore du racket ?...

1. Ernst & Young fait partie du « comité d'éthique » du salon. « Chez Ernst & Young, nous savons que pour être

172

À l'inverse de l'humanitaire, le développement durable est une branche où l'on peut faire de très belles carrières. Il y a des postes de cadre, de cadre supérieur, de fonctionnaire classe A, de fonctionnaire international. Et pour ceux qui ont la fibre entrepreneuriale, de belles opportunités de bizness. Même les femmes de ménage ont un débouché nouveau : celles qui ont suivi une formation aux détergents écolos sont plus demandées que les autres, nous apprend *VSD*[1].

Bon à savoir, par temps de crise.

De quoi avoir des ailes, redoubler de passion !

Vite, vite, pour mon gamin, une formation verte, la voie royale ! Le stand de l'Institut supérieur de l'Environnement, qui propose une formation de Bac + 2 à Bac + 5, ne désemplit pas. La brochure est alléchante, décorée de papillons, de fleurs, de chutes d'eau sauvages et d'un bac à déchets. Au cours de la

---

durable le développement doit créer de la valeur à long terme pour les actionnaires en tenant compte à la fois des réglementations et des risques nouveaux » (brochure de présentation Ernst & Young). On ne pouvait assumer son opportunisme plus honnêtement.

1. « Femme de ménage, un bio métier », *VSD*, septembre 2009, découpé par Élisabeth. On y trouve ce cri du cœur, à méditer : « Femme de ménage, c'est un métier d'échanges et de contacts. Pour rien au monde j'en changerais ! »

scolarité, de nombreuses possibilités de sorties sont prévues : stations d'épuration, usines d'incinération d'ordures... Les frais sont de 4 800 euros par an.

Ces futures grosses têtes auront de la concurrence. Des centaines de cursus ont fleuri. Citons, pour son nom sans ambages, le MBA « Marketing et développement durable » de l'Institut Léonard de Vinci, et le Master « Politiques environnementales » de l'Institut catholique de Paris pour son accent mis sur le lobbying associatif. Faut croire que la demande est forte, stimulée par les pouvoirs publics et leurs incantations autour des « emplois verts ». Le message est passé. Il suffit de compter les autocars à l'entrée du salon pour avoir une idée de la place incontournable du DD au menu de l'Éducation nationale[1].

---

1. Demain ce sera double ration : « Dans tous les cursus supérieurs (BTS, DUT, fac, mastères...), quelle que soit la spécialité sanctionnée par ces diplômes, [...] des modules sur l'écologie seront obligatoirement inclus. Ces cursus devront être habilités par l'État à un intervalle régulier. » (Nicolas Hulot, *Pour un pacte écologique*.)

Quelle que soit la spécialité, a dit le garde-chiourme. Vous les khâgneux, les penninghen, les femis, les gobelins, les beaux-arts, les petits rats, les fratellinis, vous les étudiants en lettres, en langues, en histoire, en musique, en ce que vous voudrez, vous y passerez vous aussi, comme on passait jadis au service militaire. Ça vous fera les pieds !

Nos chères têtes blondes d'un mètre quatre-vingts, au look cité des 4 000, chahutent gentiment. Leur professeur de SVT[1] les guide vers des attractions ludico-niaises, telle la « Maison du Développement durable », où on leur propose des jeux à base de questions-réponses : « Parmi les sources d'énergie suivantes, laquelle est renouvelable ?... Réponse A : le charbon. Réponse B : le pétrole. Réponse C : le bois[2] ».

Je trottine un moment derrière eux. Le groupe se partage en deux : les vandales qui appuient sur tous les boutons A, B et C à la fois et ont l'air de s'amuser devant le grésillement affolé de la machine, et les veaux qui ignorent absolument les merveilles intellectuelles qu'on leur sert. Ces derniers se tiennent à l'écart, ne posent aucune question et ruminent tranquillement leurs affaires en attendant que ça se passe, bien contents de ne pas être entre les murs du bahut. On distingue chez plusieurs d'entre

---

1. Quel bureaucrate a eu l'idée de transformer la bonne vieille Science Nat' en ce sigle obscur et pompeux ?... C'est devant ce genre de fulgurance que l'on éprouve une vague envie de castrer un énarque.

2. La bonne réponse est C. [Il ne vient pas à l'idée de l'équipe pédagogique que le charbon et le pétrole sont aussi des ressources renouvelables, à condition de prendre une échelle de temps de quelques millions d'années.]

eux des fils discrets reliant les oreilles à leurs poches remplies de MP3.

D'instinct, et ce livre le prouve assez, je me rangerais dans la catégorie des vandales. Mais l'autre espèce de cancre est une révélation. Je me surprends à admirer le détachement des bovins, leur nonchalance. Le discours DD rebondit sur leur peau épaisse comme des petits pois : ils ne s'aperçoivent même pas qu'on leur adresse la parole. Ils sont cernés par le DD et ils n'y font pas attention. Ils ont cette chance. Ils sont libres.

Oui, me dis-je, on peut passer entre les gouttes, il suffit de ne pas réagir. Au départ, c'est une hygiène, ensuite – une habitude. En somme, construire sa bulle et ne pas en sortir, comme ce sous-lieutenant japonais qui s'est caché pendant vingt-huit ans dans la jungle philippine sans savoir que la Seconde Guerre mondiale était terminée.

Je sors en remettant le prospectus du salon dans une pile « Ne jetez pas votre plan, il peut être réutilisé par d'autres ! ». Tous les ados qui me précèdent en ont fait autant, sans penser, sans tiquer. Comme on rend un chariot quand on sort d'un supermarché. J'essaie à mon tour de les imiter. Rester zen. Aucune implication d'aucune sorte. Aucune pensée sarcastique (ou autre). M'occuper à peler mes oignons. Changer de sujet. Écrire d'autres livres.

20.

Même pas mal.

Il faut voir la vérité en face, il est trop tard, on a perdu, la culture a perdu, et pourtant – même pas mal.

Par bêtise et opportunisme, les voisins, le gouvernement, le commerce ont imposé leur psychose, et moi – même pas mal.

Une nouvelle religion, exigeante et jalouse, a obscurci le sens critique de mes contemporains – que voulez-vous que ça me fasse ?

Ils ont troqué leur liberté contre une posture morale – tant mieux pour eux, les ornières rendent la vie plus facile.

Tant qu'ils ne viennent pas me chercher dans ma coquille avec leur charte, leurs règlements – même pas mal.

Tant qu'ils restent comme Vincent au stade des petits gestes pour la planète sans chercher à m'imposer leur croisade...

Les mains lavées dans les poches, je contemple les jeux du soleil dans la courette de mon immeuble.

Il est quatre heures. Des voisins passent.

Le généraliste est allé chercher son fils à l'école. Le gamin insupportable court partout, se cogne dans un mur, arrache des feuilles à un laurier, majestueusement empoté à côté des poubelles.

C'était le geste de trop.

– Qu'est-ce que tu as fait là, Mathieu? Non mais t'es pas bien?... Il souffre, l'arbre. Tu lui as fait mal. Si moi je t'arrachais un bout, tu dirais quoi?

Et il l'attrape par l'oreille, tire vers le haut!

Mathieu pousse un hurlement.

– Tu vois?... Ça ne fait pas plaisir, hein? Eh bien, c'est pareil avec la nature. L'arbre crie mais tu ne l'entends pas.

Ils disparaissent dans le hall, la pleurnicherie résonne contre les dalles, puis disparaît, étouffée, dans leur appartement.

Je n'arrive pas à me détacher des feuilles de laurier qui gisent maintenant au milieu de la courette.

De deux choses l'une. Ou l'horrible gamin deviendra embrigadé et violent comme son crétin de père, ou bien ce sera tout le contraire : en grandissant, il se souviendra des brimades subies au nom de la nature, et il se vengera. Ce sera le pire pollueur de la planète. Non seulement il ne fera pas de tri sélectif mais il fera exprès de laisser des ordures dans les espaces verts. Il aura un 4×4 qu'il vidangera dans les cours d'eau. Il sera comme le komsomol qui a fini par basculer dans le capitalisme le plus barbare. Ah, il nous fera chèrement payer ses oreilles décollées!

Tourne la roue des générations. Ceux de demain et d'après-demain, gavés dès l'enfance comme des oies, traînés de force aux salons, tannés par les kapos, surveillés par leurs voisins, vont développer une immunité, puis un rejet. L'allergie des adolescents devant l'autorité et leur défiance face aux sermons, nourris d'oreilles cassées et tirées, pourraient désarmer le dogme.

Maigre espoir, direz-vous.

C'est que je ne suis pas là pour dorer la pilule.

Pas de catastrophisme non plus, juste de la médecine.

Et que dit-elle, la médecine? Qu'un prurit se soigne de l'intérieur. Les médicaments externes sont des pis-aller, ils traitent le symptôme et non la cause, leur efficacité (nous l'avons vu) se brise sur des barrières psychologiques infranchissables. S'il doit s'effondrer, le prurit le fera sous ses propres contradictions, quand les enjeux paraîtront moindres ou quand l'opportunisme des hommes trouvera d'autres hirondelles.

Mais pour le moment, la démangeaison est rentable. Politiquement, que l'on soit de droite ou de gauche, quand on a besoin de paraître fédérateur, c'est une huile à discours sans pareille. Les carriéristes y ont décelé un formidable miroir aux débouchés. Elle est portée en triomphe par les médias qui se nourrissent de spectaculaire préformaté. Elle est récupérée par mes voisins, ces citoyens lambda, mesquins comme un lumbago, qui s'en font une ligne de vie. Pour quelle raison passerait-elle la main?

Au contraire, se ramifiant tous les jours, rodant son discours, jouant de l'effet de masse, l'idéologie conquiert de nouveaux horizons. Autour de vous, dans votre immeuble, chez vos amis, dans la rue, observez attentivement ses effets : untel se gratouille, un autre envisage de se gratter si une opportunité se présente, tandis que le troisième, futé, investit dans une usine de grattoirs.

Le consensus de la peur progresse.

Pire, des types intelligents et cultivés, des types comme Vincent, changent de trottoir en me voyant. Le leur, bordé de poubelles multicolores, de tramways à énergie propre, d'arbres où gazouille la biodiversité, les conduit vers un avenir Playmobil qui leur paraît être le seul possible. Au nom du pragmatisme – cet autre nom de la trouille –, ces types intelligents et cultivés veulent bien s'asseoir sur ce qui fait l'intérêt d'être un *sapiens*, notamment sur quelques principes civilisateurs. Car le b.a.-ba de l'humanisme, c'est de voir en chaque être humain une richesse pour le monde et non une bouche à nourrir, un tube qui produit du CO_2, un ver intestinal de la nature.

Comprenez mon pessimisme.

Ce n'est pas que je m'y complaise.

Car à chaque fois que je croise Mathieu, je lui souris, intérieurement au moins. Il m'est antipathique – c'est un voisin comme un autre –, mais je ne perds pas de vue ses oreilles.

Bonus

Home ou l'opportunisme vu du ciel

~~Leni Riefenstahl en avait rêvé, Yann-Dieu l'a fait :~~[1] Demain va déferler sur les écrans un film de propagande aux dimensions inouïes. Véritable char d'assaut écolo, *Home* sera projeté simultanément dans 130 pays, sur les écrans géants du Champ-de-Mars et de Central Park, sur YouTube, France 2, Al-Jezira, etc. Gratuitement bien sûr, comme tout bon lavage de cerveau. Avant même sa sortie, le film se paie le luxe d'être adoubé par les puissants, à commencer par ces nouveaux phares intellectuels que sont devenus Al Gore et le prince Charles. Notre bon Président s'y collera aussi, à pousser le dithy-

---

1. En rayé, les coupures de *Libération*. N'en faisons pas une maladie : certaines paraissent absolument innocentes.

185

rambe obligatoire, sans trop se forcer d'ailleurs, puisqu'on apprend déjà, officieusement, que ce serait son « film préféré ».

Demain, il sera impossible d'échapper aux images forcément « sublimes », pas plus que l'on ne pourra ignorer le message du film, aussi lourdingue que les poches ~~du konzern Pinault~~ de Pinault, sponsor du projet : l'homme serait une blatte nocive pour la planète. Perché sur l'hélico, observant son monde avec bonté et paternalisme, Yann-Dieu assène prophéties glaçantes et déclarations dégoulinantes de sensiblerie. «Tout ce que tu vois n'est pas seulement un paysage, c'est le visage aimé de notre Terre. » Le tutoiement de la voix *off* cloue le bec et impose sa liturgie. On communie *ad nauseam* devant la beauté bio, écolo-guimauve, d'un atoll en forme de cœur. La transe est accentuée par la musique, onirique à souhait, toute en trémolos vocaux et arrangements planants.

Yann-Dieu égrène sa vision binaire : homme – mauvais, Terre – jolie. Homme – parasite, Terre – richesse. Terre – notre maman adorée, homme – blatte. Pire que blatte – une blatte *sapiens*. Vu d'en haut, c'est imparable : la blatte se démène dans les villes surchargées, aux fumées nauséabondes, accumulant les déchets, suçant l'eau, cultivant intensivement le sol. 200 000 ans que la blatte détruit ce que dame Nature a patiemment tissé en 4 milliards d'années. Cela ne peut plus continuer. Encore veut-on bien tolérer la blatte africaine ou inuite quand on la voit ramper dans le désert mauritanien ou polaire, traînant péniblement son barda. Brave petite blatte, économe de ses besoins, si belle dans son dénuement! Touchantes images du *making of* où l'on voit Yann-Dieu, littéralement descendu du ciel, telle la bouteille de Coca-Cola dans *Les Dieux sont tombés sur la tête*, prendre un bain de foule parmi les indigènes. Blattes des pays pauvres, votre mode de vie est tellement tendance! Il en va autrement de la blatte occidentale. Franchement, on a envie de l'écraser, cette blatte-là! Lui faire bouffer les stations de pompage, les plates-formes off-shore, les usines qui puent, les aérodromes!

~~La blatte oserait-elle se montrer fière de sa civilisation, de ces 200 000 ans de galère pour émerger de sa caverne?~~ Quand il entend le mot culture, Yann sort son hélicoptère. Produit par Luc Besson, grand pourvoyeur de finesse devant l'Éternel, il nous assène quelques vérités grosses comme Las Vegas. Imagine-t-on combien il a fallu gaspiller de ressources fossiles pour construire cette ville inutile? Terrifiantes images de mégalopoles : la bande-son devient angoissante, tendue. Los Angeles – quelle horreur! New York, Dubaï – monstrueux! Ne dirait-on pas des monolithes extraterrestres, de vilaines colonies venues de l'espace? Et l'île de Pâques ? Ses habitants auraient mieux fait de s'occuper de leur forêt en péril plutôt que de perdre du temps avec de stupides statues. Regardez comme leur caillou est invivable maintenant ! Tous les Homère, Newton, Brunelleschi du monde ne sont rien à côté de la beauté sauvage d'une chute d'eau. La civilisation peut aller se rhabiller devant un éléphant gabonais galopant dans la brousse.

~~C'est une question de foi.~~ « Les jeunes sont en quête de sens », dit le réalisateur, émerveillé par tant de cerveaux vierges à conquérir. « Il faut donner du sens à nos affaires », précise sans ciller François-Henri Pinault. Quel meilleur choix que de surfer sur l'hystérie collective du réchauffement climatique ? Judicieux marketing ! ~~Bon sens des gros sabots !~~ L'investissement dans la bonne conscience est rentable. Regardez les retombées presse ! La motivation des 88 000 salariés ~~du konzern Pinault~~ de Pinault grimpe en flèche. Les marques du groupe (Gucci, Sergio Rossi, Conforama, etc. – longuement énumérées au générique) récoltent leur onction écolo. La gabegie consumériste des hommes, ô combien vomie dans le film, se refait une santé dans un sympathique tour de passe-passe. Chez Sergio Rossi, on trouvera un « escarpin écologique » à 370 euros. Chez Gucci, un tee-shirt en coton bio, estampillé *Home*, 140 euros. Comme tout est simple, finalement.

Après-demain, le char d'assaut sera dans les écoles. On va l'y envoyer « accompagné d'une fiche pédagogique ». La rééducation forcée a commencé. Nature contre culture... L'opportunisme contre le génie humain. Je frémis et je me sens un peu seul.

Libération, 4 juin 2009

Achevé d'imprimer sur Roto-Page
en janvier 2011
par l'Imprimerie Floch à Mayenne
N° d'éditeur : 2204 – N° d'édition : 180397
N° d'imprimeur : 78528
Dépôt légal : février 2011

Imprimé en France